AI ZAI LU SHANG

爱 在 路 上

——青岛市中职孙洪锐名班主任工作室成长记

主　编　赵宏亮　孙洪锐

副主编　曲莲花　马延信　王启龙　赵　丽　刘显志

编　委　邢　赛　刘奎华　张家跃　宋　玮　张洪敏

　　　　刘　雪　张　华　于　帅　王晓辉　王晓庆

　　　　朱正仙　朱应凯　张伟续　王玉萍　王晓慧

　　　　陈俊杰　高秀红　刘文飞　孙洪艳　姜柔柔

　　　　陈甜甜

中国海洋大学出版社

·青岛·

图书在版编目（CIP）数据

爱在路上：青岛市中职孙洪锐名班主任工作室成长
记 / 赵宏亮，孙洪锐主编 . -- 青岛：中国海洋大学出
版社，2021. 6（2023. 4 重印）

ISBN 978-7-5670-2843-2

Ⅰ. ①爱… Ⅱ. ①赵… ②孙… Ⅲ. ①中等专业学校
—班主任工作 Ⅳ. ①G718. 3

中国版本图书馆 CIP 数据核字（2021）第 114248 号

出版发行	中国海洋大学出版社
社　　　址	青岛市香港东路 23 号　　邮政编码　266071
出 版 人	杨立敏
网　　　址	http://pub.ouc.edu.cn
电子信箱	1922305382@qq.com
订购电话	0532-82032573（传真）
责任编辑	邵成军　林婷婷　电话　0532-85902533
印　　　制	日照日报印务中心
版　　　次	2021 年 6 月第 1 版
印　　　次	2023 年 4 月第 2 次印刷
成品尺寸	170 mm × 230 mm
印　　　张	11. 5
字　　　数	192 千
印　　　数	1 001～1 550
定　　　价	50. 00 元

图 1　首批中等职业学校名班主任工作室主持人授牌仪式

图 2　主持人孙洪锐老师向孙艳霞教授颁发工作室导师聘书

图 3　主持人孙洪锐老师向王树青老师颁发工作室导师聘书

图 4　孙洪锐名班主任工作室启动仪式讲座

图 5　工作室老中青传帮带结对仪式

图 6　主持人孙洪锐简介

成员

张华

褪去了昔日青涩的青春气息
如今老当益壮的她
对学生亦善亦真，有情有理
二十四年的坚守
赢得了学生们满心的敬爱与信任

成员

张家跃

教育是一种智慧，也是一种策略，让学生坚信明天幸福今天修，仰望星空，脚踏实地，慎独自律，止于至善。

成员

宋玮

甘为人梯，助代代学子登高处；愿化风云，载只只雄鹰搏长空。

成员

张洪敏

每朵花都有自己的香气，
每朵花都有自己的美丽，
努力做好自己，
散发出最芬芳的香气！

成员

于帅

教育格言：用心做教育
用爱做老师

成员

刘奎华

果实是尊贵的，花儿是甜美的，我愿做一片谦逊的叶子，专心地垂着绿荫！

成员

邢赛

教育箴言：先做人，后做事；
低调做人，高调做事。

成员

刘雪

日日行，不怕千万里；
常常做，不怕千万事。

图7 工作室成员简介

图8　部分工作室成员到河北衡水二中研学

图9　孙洪锐老师面向全校班主任做专题培训

图10　孙洪锐老师向学生做"疫情健康"专题报告

图11　"疫情健康"专题报告现场

图 12　学生抗击疫情作品 1

图 13　学生抗击疫情作品 2

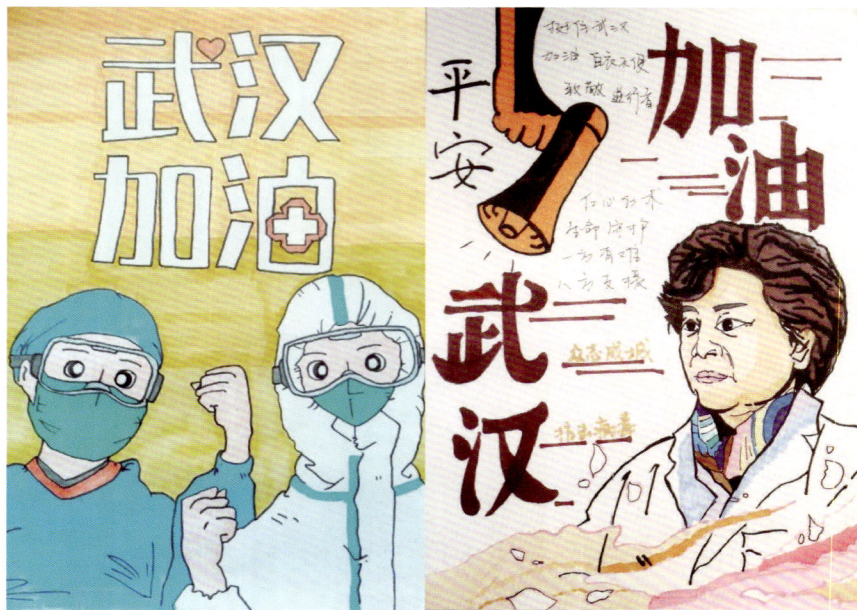

图14 学生抗击疫情作品3

图 15　学生抗击疫情手抄报

图 16　学生用手语、舞蹈等形式为武汉加油

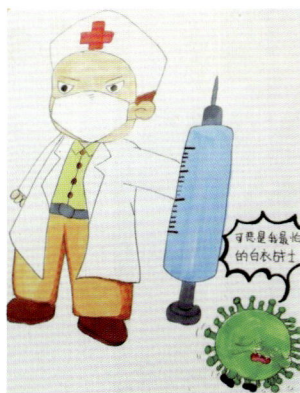

图17　学生用手抄报、电子板报等形式表达抗疫之情

　　爱与责任，是人类永恒的主题，是教育的核心与灵魂。何为爱？为何爱？爱何为？青岛市中职孙洪锐名班主任工作室与您一同走在爱的路上……

　　工作室成立于2019年10月，是第一批由青岛市教育局任命的"青岛市中职名班主任工作室"。工作室由来自青岛市四个中职学校的九名成员组成，工作室在青岛市教育局德育处领导的引领下参照《青岛市职业学校名班主任工作室建设工作实施方案（试行）》，及时确立了不同时期的工作目标、三年规划、每年计划及极具特色的工作室文化。工作室以"爱与责任"为工作核心，以"培养提升、德育科研、引领辐射"为主要工作目标和方向，以提升优秀班主任专业素质为引领，以相互合作为工作方式，以课题研究为载体，在提升工作室成员整体素养的同时，引领中职班主任和德育工作者不断提升其整体育人能力，为造就名班主任和名师奠定基础。

　　工作室充分发挥每位成员骨干带头的作用，先后开展了"以老带新协同发展""家校社共育""德育研究"等系列活动、培训及讲座。面对特殊的疫情，为了更好地帮助老师和学生应对特殊疫情时期带来的诸多问题并走出阴霾，工作室多次举行了有关"后疫情的反思和成长"等系列讲座、活动和课题研究。工作室在研究中发展，在实践中提升，在合作中进步，在工作中享受……做智慧教师，育上等人才，工作室成了每个成员发展提升和幸福快乐的爱心家园。

　　爱，是尊重，是信任；爱，是认可，是欣赏；爱，是感恩，是真诚；爱，是共情，是同理；爱，是宽容，是理解；爱，更是默默无闻的付出和不求回报的奉献。大爱无疆，爱心永恒，让我们同心同德，扬帆起航……

赵洪亮　孙洪锐

2020 年 12 月 12 日

前 言

　　本书共分启程篇、成长篇、抗疫篇和家校共育篇四个篇章,记录了青岛市中职孙洪锐名班主任工作室从组建到成长过程中的点点滴滴。

　　本书内容充分体现了德育的核心和灵魂——爱与责任,立足于中职学校班主任工作的特点、难点和焦点,针对德育工作中的特殊问题,确立工作室的目标和方向,制定了行之有效的策略和方案,以案例解读的方式,展开问题的有效解析。

　　本书以指导开展家校共育为重点,为工作室的建设和班主任成长发展打开思路,提供了建设性的意见和模式,在发挥青岛市中职班主任工作的引领和辐射作用中,起到了抛砖引玉的作用。

　　参加本书审核、撰写、统稿的情况如下:赵宏亮负责全书的审核及四个篇章的部分撰写;孙洪锐负责全书的统稿及四个篇章的部分撰写;曲莲花负责全书的统稿及部分篇章(第一、四篇章)的撰写;马延信、王启龙、赵丽、刘显志负责部分篇章(第一、四篇章)的统稿、撰写;邢赛、刘奎华、张家跃、宋玮、张洪敏、刘雪、张华、于帅负责部分篇章(第二、三、四篇章)的撰写;王晓辉、王晓庆、朱正仙、朱应凯、张伟续、王玉萍、王晓慧、陈俊杰、高秀红、刘文飞、孙洪艳、姜柔柔、陈甜甜负责部分篇章(第四篇章)的撰写。

目 录

第一章

启 程 篇

青岛市教育局举行首批中等职业学校名班主任工作室主持人授牌仪式

2019 年 10 月 12 日，青岛市教育局在青岛旅游学校举行首批中等职业学校名班主任工作室主持人授牌仪式暨班主任专业提升系列活动。名班主任工作室主持人孙洪锐和全体工作室成员参加了此次活动。

市教育局副局长王铨为首批 10 个名班主任工作室主持人授牌并讲话。王副局长指出，教育是国之大计、党之大计，承担着立德树人的根本任务。职业学校的学生较普通高中的学生更需要被关注，班主任老师要做到"四个特别"：特别尊重学生、特别要求学生、特别培养学生、特别具有使命和责任。要让学生感到有贡献、有价值、有期待，促进学生健康成长。名班主任工作室应成为班主任"研究的平台、成长的阶梯、辐射的中心、师生的益友"。

10 个名班主任工作室顺利授牌后，启动了青岛市首批职业学校名班主任工作室创建工作。全国优秀德育工作者、深圳市第一职业技术学校阳海华老师，江苏省德育名师工作室主持人、无锡城市职业技术学院梅亚萍副院长两位专家举行了专题讲座，为中职班主任工作室建设提供了系统指导和专业辅导。

建设一支具有良好的政治业务素质、结构合理、相对稳定的班主任队伍是教育改革和发展的根本大计。本次活动是全面贯彻党的十九大和全国教育大会精神，落实立德树人根本任务，提升职业学校优秀班主任的专业化水平，探索新时代班主任队伍建设的新途径、新方法，培育一批职业教育名班主任的重要举措。会后，名班主任工作室主持人孙洪锐和全体工作室成员立即展开了会议研讨，对工作室初期计划和安排做了部署。

雄鹰展翅向蓝天　争做德育领路人

——记孙洪锐名班主任工作室启动仪式

　　金风送爽，丹桂飘香。为进一步加强班主任队伍建设，充分发挥班主任工作室的引领、示范、辐射作用，以及增进班主任之间工作经验的交流，提升青岛市职业学校以及我校班主任队伍战斗力，2019年10月19日上午，孙洪锐名班主任工作室启动仪式在平度师范学校二楼会议室召开。

　　本次启动仪式，特聘请中国海洋大学的孙艳霞教授为特聘专家，聘请天津海河中学王树青老师为工作室导师。开班仪式由平度师范学校王启龙副校长主持，工作室全体成员和平度师范学校班主任老师们参加了此次会议。

　　首先，王启龙副校长对两位特聘专家和工作室成员做了简单的介绍。随后名班主任工作室主持人孙洪锐老师向孙艳霞教授和王树青老师颁发了聘书。

　　在启动仪式上，孙艳霞教授就职业教育面临的机遇与挑战做了具体分析，并鼓励班主任们要把更多的热情投入到职业教育研究中，要把丰富的班主任工作经验转化为教育规律。王树青老师结合自己的亲身经历，与工作室成员及学员进行了广泛而又深入的交流。王老师指出班主任的工作虽平凡，却能对学生的一生产生极其重大而又深远的影响。

　　随后，工作室主持人孙洪锐老师做经验交流与分享。孙老师结合自己24年的班主任工作经验，鼓励成员们心里都要装着一个"主题"，脑子里要有一个"问题"，手里要有一个"专题"，案板上要有一个"课题"。工作室成员要努力提高自身修养，凭借名班主任工作室这一平台，相互交流，相互学习，相互提高，从思想道德、人格修养、工作方法、教育艺术等方面全方位提升自己，争取让中职班主任团队的工作质量更高、更强、更有效。

　　最后王启龙副校长激励全体工作室成员及学员要在主持人孙洪锐老师的带领下，成长为最有管理能力、最受学生和家长欢迎、最有影响力以及最有合力的优秀班主任。

　　孙洪锐老师开班仪式发言如下：

尊敬的各位领导、各位同仁,大家上午好!

首先感谢各级领导对我们的信任、支持和鼓励,为我们搭建了这样一个成长进步的平台,让我们能相互切磋、分享智慧、共同成长,信心百倍地在德育道路上前行;其次感谢工作室的成员们,你们的鼎力支持,更增加了我们前进的信心和动力。加入工作室,就意味着我们是学习共同体、研究共同体、成长共同体。我们将一同努力,打造一支互帮互助、和谐发展的班主任团队。

始于感动,成于行动,作为名班主任工作室主持人,我时时感动于一份信任,更铭记着一份责任。我们将认真执行教育局的相关要求,积极践行工作室的建设方案和发展规划,尽职尽责,主动热情、积极高效地开展工作,将立德树人作为培养学生的根本任务,不断学习与实践、反思与内化,整合资源,形成合力。我们将努力做到:

1. 带好团队,以团队引领班主任共同发展。

2. 抓好专题,在实践中探寻班级管理的新思路、新方法。

3. 做好展示,有目的、有计划、有步骤地传播先进的建班育人理念。

4. 拿出成果,实现优质资源的共享。

针对中职班主任工作实践中的诸多问题,王铨副局长在授牌仪式上讲到,中职班主任应做到热爱事业,要有激情,潜心研究问题,力求方法独特、效果明显。同时在班主任工作过程中更要注意特别尊重学生、特别要求学生、特别培养学生(综合素质+个性发展)、特别具有使命和责任(着重强调、与众不同)。

王副局长着重强调,作为首批中职名班主任工作室主持人,我们一定要明确自己的工作意义、责任和目标。一是意义:首批(基础两批)具有开创、独特、前无古人的意义,同时要求我们每一位主持人要潜心钻研、不断努力,从有名到著名,最后要留名。二是责任:主持人要不断学习、研究、成长,使中职班主任工作有创意、有思想。三是目标:要充分运用好研究的平台,使平台成为每一位成员的成长阶梯,工作中积累经验,拥有自己的培养模式,起到有力引领、示范、辐射的作用,成为学生的良师益友。

王副局长同时要求提高政治目标;善做善成;凝聚队伍,集思广益。王副局长指出,德育工作是一个打动内心的工作,首先要感动自己,理论上需要高、大、上,但实践中更要做到小、实、细。

面对领导的殷切希望和谆谆教导,身为工作室的成员,我们要尽力做到以下几点。

心里都要装着一个"主题"：一个"立德树人"的主题，一个"帮学生拥有幸福人生为初心，助学生实现人生梦想为使命"的主题。

脑子里要有一个"问题"：一个怎样让自己的成长提升更快的问题，一个怎样使我们学生的身心健康发展更有利的问题，一个怎样让我们中职班主任团队的工作质量更高、更强、更有效的问题。

手里要有一个"专题"：一个对我们中职班主任德育工作的难点、重点有针对性的专题，一个能坚持理论研修和实践创新相结合的专题，一个有利于积极探索和有效破解中职班主任工作难题的专题。

案板上要有一个"课题"：一个有助于我们发现中职班主任工作教育规律的课题，一个有利于提高我们反思意识、创新能力的课题，一个凝聚中职班主任工作经验和育人智慧的课题。

我们坚信：有各级领导的关怀、引领和支持，有工作室成员的团结协作，有众多同行的积极参与，我们有勇气、有信心将工作室建设为中职德育研究的基地、班主任交流的平台、资源辐射的中心，打造出一支有思想、有情怀、有担当的名班主任团队！让我们以此次开班仪式作为一个良好的开端，带着这份满满的感动与责任为我们青岛中职德育发展而努力！

记得尼采说过："每一个不曾起舞的日子，都是对生命的辜负。"我想说："每一个翩翩起舞的日子，都是我们对生命意义的最好诠释。"那么，在此之后所有"起舞"的日子里，让我们一起携手并肩，收获一路的芬芳和美丽！

谢谢大家！

青岛市首批职业学校名班主任工作室

孙洪锐工作室启动仪式主持人讲座

讲座内容包括以下三个方面：

一是个人成长体会与分享，二是工作室政策解读，三是工作室规划与实施。

一、个人成长体会与分享

（一）孙洪锐班主任（副班主任）工作经历（1995—2020 年）

1995 年工作以来，担任了 25 年的班主任（副班主任）工作。

1. 1995 年起担任了两年 1994 级音乐班副班主任。

2. 担任 1997 级音乐专业班班主任，所带班级获得"青岛市优秀班级""青岛市优秀团支部"双优及"平师免检班级"等荣誉称号，所在班级的王伟同学是青岛市唯一一位中师升本的音乐生。

3. 担任 2000 级 4 班班主任，所带班级被评为"青岛市优秀团支部"。

4. 担任 2003 级大专微机专业班班主任，所带班级被评为"平师金牌班级"，所在班级专升本成绩优异，学生成功就业率百分之九十以上。

5. 担任 2005 级 3 班班主任，所带班级被评为"青岛市优秀班级"。

6. 担任 2008 级美术音乐专业班班主任，所带班级被评为"青岛市优秀团支部"和平度师范学校"爱心团支部"。

7. 担任 2012 级 5 班班主任，所带班级荣获"青岛市优秀班级"的荣誉称号。

8. 担任 2012 级 5 班班主任，所带班级荣获全国蒲公英公益平台"阳光种子奖"。

9. 担任 2015 级 1 班班主任，所带班级多次荣获平度师范学校"先进班集体""学习优胜班级"等荣誉称号。

10. 担任 2020 级 1 班班主任，所带班级多次荣获学校"双优班级"的荣誉称号。

11. 2018 年 1 月，荣获第二届青岛市中等职业学校班主任基本功比赛"二等奖"。

12. 2017 年 9 月，荣获"青岛市最美班主任"称号。

13. 2020 年，"全国最美老师"评选青岛入围。

（二）主要教学成果

1. 2019 年 11 月，优质课"家校共育美在心灵"荣获全国高等美育教研与教学成果展评一等奖。

2. 2019 年 11 月，教学设计"嘎达梅林"荣获全国高等教育美育教研与教学成果展评一等奖。

3. 2019 年 12 月，参与撰写的《家校共育 助力成长——师范生家庭教育指导》荣获青岛市家庭教育指导精品课程。

4. 2019 年 1 月，于青岛黄海学院进行了题为"摇篮曲"的青岛市级名师开放课。

5. 2019 年 3 月，于平度职教中心举行了题为"创新杯说课体会"的青岛市级经验交流课。

6. 2018 年 9 月，为青岛市家庭教育指导师研修班做"美学中的传统文化与家庭教育"经验交流课。

7. 2018 年 6 月，出示青岛市级公开课，获青岛市级优质课二等奖。

8. 2018 年 10 月，山东省中等职业学校教师"创新杯"信息化教学说课大赛荣获二等奖。

9. 2018 年 12 月，获国创杯教学设计说课大赛二等奖。

10. 2018 年 3 月，辅导学生参加青岛市职业学校技能大赛"学前教育八项全能比赛"，学生获一等奖，本人被授予"优秀辅导教师"称号。

11. 2016 年 11 月，荣获青岛市中职学前专业办学联盟学生技能大赛一等奖、最佳组织奖、团队一等奖并荣获"优秀指导教师"称号。

12. 2017 年 10 月，吟诵作品《沁园春·雪》《孝经》在绚丽年华第十届全国美育教学成果展评荣获学生组一等奖。

13. 2019 年 9 月，组织排练合唱《你是这样的人》《远方的客人请你留下来》，参加青岛市艺术节，荣获一等奖。

14. 2019 年 11 月，组织排练参加"全国大学生运动会会歌"合唱比赛，荣获第三名、最佳团队组织奖和优秀指挥奖。

15. 2020 年 11 月，青岛市中职声乐专业优质课"戴手铐的旅客"荣获二等奖。

（三）主要科研成果

1. 2014 年 9 月论文《传统文化与正己育人》发表在中国《德育报》，并在由德育报社与中国陶行知研究会师范教育专业委员会联合举办的 2014 年度"教师成长及专业发展"科研论文评选中荣获二等奖。

2. 2016 年 6 月参加全国学校美育交流研讨会，论文《传统文化与爱心教育的美育实践及案例》荣获论文评比一等奖并收入中国美育网优秀论文集。

3. 2020 年 11 月参与中国教育学会"十三五"教育科研规划课题"农村全科型'3+4'本科层次小学教师培养模式研究"课题。

4. 2019 年参与中国职业技术教育学会 2017—2018 年度职业教育教学改革与教材研究课题"基于核心素养提升的中职学校心理健康教育校本课程开发与实施研究"荣获三等奖。

5. 2020 年 11 月参与中国教育学会"基于教师专业发展的学习共同体的构建研究"课题。

6. 2020 年 11 月主持青岛市教科院课题"疫情背景下家校共育提升中职心理健康策略的研究"。

7. 2020 年 11 月参与山东省教科院课题"关于中职名班主任工作室共同体的研究"。

8. 2005 年 5 月论文《新课改新理念与农村音乐教学之新感受》发表于《中国教育》。

9. 2019 年 5 月论文《音乐教学的校园化和生活化》发表于中国知网《新课堂》。

10. 2019 年 8 月参与校本课程《家校共育 助力成长》整编并参加青岛市教育局组织的校本课程大赛。

（四）个人获得荣誉及参加社会活动情况

1. 2017 年 9 月荣获"青岛市最美班主任"称号。

2. 2018 年 6 月入围"齐鲁最美老师"评选。

3. 2019 年 6 月被评为"青岛市教学能手"。

4. 2019 年 5 月担任青岛市中等职业名班主任工作室主持人。

5. 2018 年 3 月辅导学生参加青岛市职业学校技能大赛"学前教育八项全能比赛"，学生获一等奖、本人被授予"优秀辅导教师"称号。

6. 2016 年 11 月获青岛市中职学前专业办学联盟学生技能大赛"优秀指导教师"称号。

7. 2014 年 12 月荣获首届平度市"优秀志愿者"荣誉称号。

8. 2015 年 12 月被评为"2015 年度平度人民广播电台优秀节目嘉宾"。

9. 2014 年 9 月受聘为 2014 年度教师成长及专业发展研究会研究员；2018 年 12 月成为中国人生科学学会美育研究会会员；2019 年 9 月成为中国教育学会会员；2016 年 8 月受聘为山东省中华优秀传统文化讲师团讲师。

二、工作室政策解读

（一）工作目标

1. 小目标：提升个人专业素养。（专家指导、自主学习、培训活动、任务驱动、专业化发展、青年—骨干—名班主任）。

2. 中目标：提高工作室成员育人本领。（科研能力、反思意识、创新能力、经验型—研究型—实践型—智慧型）。

3. 大目标：发挥工作室的引领、示范、辐射作用。（注重传播经验、推广培养模式、提升总体水平、成为全国有影响力的名班主任）。

4. 总目标：立德树人。

（二）主要任务

1. 培养任务：综合利用各种资源，开展丰富多彩的培训活动，定时、定点、定内容，有要求、有检查、有考核。

2. 科研任务：针对当前职业学校班主任、德育工作的重点难点问题展开研究，坚持理论实践相结合，积极探索有效破解对策。

3. 引领辐射：培养与引领相结合，提升我市职业学校班主任队伍建设总体水平。

（三）主持人职责

1. 制定规划：指导学员制定个性化发展规划和培养计划，明确学习任务，切实提高培训的针对性。

2. 组织团队学习:负责工作室日常学习、课题研究、实践活动、相关专题学习、外出考察和培训。

3. 注重管理:建立健全规章制度,完善考勤制度;注重过程材料的积累,定期做好考评工作;建立学员研修档案,定期向学员所在学校反馈其学习情况,对缺勤三分之一以上的学员,不再将其作为工作室成员继续培养。

4. 突出实效:要立足实地,以班主任一线岗位为实训基地,开展相应学段的班主任工作研究。要聚焦一线实际情况,以班主任工作面临的问题作为重要实训资源,选择确立具体项目或课题进行针对性研究,提供破解难题的策略和方法,指导学员总结、反思和提升,开发建设实训课程资源包。

5. 成果辐射:加强经验总结和成果转化,跨工作室、博客、微信等网络媒介分享学习体会、实践随想。多形式宣传推广工作室有效经验和成果。

(四)保障措施

名班主任工作室管理办公室指定考评细则,组织专家组进行中期考评,对中期考核不达标的取消资格和经费支持。三年后进行终期评估,如通过评估,主持人授予"青岛市中小学名班主任",工作室合格学员为区学校骨干班主任,为其颁发培训合格证书,认定市级培训学分,其中优秀学员优先推荐为下一批名班主任工作室主持人。

三、工作室规划与实施

(一)规划实施依据

教育部、人力资源和社会保障部《关于加强中等职业学校班主任工作的意见》(教职成〔2010〕14 号)进一步明确中等职业学校班主任的工作职责。

1. 学生思想工作(重要)

深入了解分析学生的思想、心理、学习、生活状况,开展思想道德教育,提升学生思想道德品质。针对学生生活中遇到的实际问题,进行教育、引导和援助,帮助学生提高应对挫折、适应岗位、融入社会的能力。

2. 班级管理工作(踏实)

组建班委会,制定班级公约和学生自律规范,维护良好的教育教学秩序和生活秩序。客观、公正地做好学生的综合素质评价工作,对学生进行表扬和批评教育,向学校提出奖惩建议。加强安全教育,维护班级和学生安全。

3. 组织班级活动（有心）

指导班委会、团支部开展工作，引导学生参加有利于健康成长的课外兴趣小组、社团活动、文体活动以及志愿者服务等社会实践活动。根据学校培养目标，针对班级特点，开展形式多样的主题班（团）会活动。

4. 职业指导工作（提前）

教育、引导学生树立正确的职业理想和职业观念，形成良好的职业道德，提升职业素养与职业生涯规划能力。指导学生根据社会需要和自身特点选择职业发展方向，顺利实现就业、创业或升学。

5. 沟通协调工作（必要）

全面及时了解学生在家庭和社区的表现，帮助、引导家长和社区配合学校做好学生的教育和管理工作。根据学校安排，组织学生参加实习实训活动，并在学生顶岗实习期间，与实习单位共同做好学生的教育和管理工作。

（二）规划实施措施

1. 工作室划分四个工作小组

（1）刘奎华、张华。

（2）张洪敏、于帅。

（3）宋玮、刘雪、张家跃。

（4）邢赛、孙洪锐。

（注：每组第一个人为组长）

2. 工作任务

每组从以上中职班主任五个工作职责方面里必选一项，任选几项。建议必选项目：一组"学生思想工作"，二组"班级管理工作"，三组"组织班级活动"，四组"以身作则整体协调"。每组可以再从别的四个项目中任选几项。

3. 工作实施

（1）根据青岛市教育局要求，每一位工作室成员可以带两名以上本校的青年班主任，组成"校名班主任工作室"，以便更好地开展工作，发挥以老带新的示范引领作用。（拿出实施方案）

（2）11月份前拿出详细的个人发展规划和培养计划（入个人研修档案）。

（3）每个人本学期末详细汇报规划和计划完成情况。

（4）成果方式：主题班会、常规班会、沙龙论坛、案例分析、学术论文、专题讲座、经验分享、成果展示、课题研究、校本课程、教育专著等(《中职班主任工作指南》)。

（5）参考项目课题:"如何迎接新生""教师情绪管理""问题学生转化""班级文化构建""主题班会设计与发展规划""班级活动建设""班干部的选拔与培养""班级制度的制定与执行""班级活动的有效组织""家长会的筹备与召开""依法执教""家校沟通的策略""突发事件应急处理""青春与梦想""爱与责任"。

孙洪锐名班主任工作室实施方案

一、指导思想

为全面贯彻党的十九大和全国教育大会精神,落实立德树人的根本任务,提升职业学校优秀班主任专业化水平,探索新时代班主任队伍建设的新途径、新方法,培育一批职业教育名班主任,根据省教育厅等部门《关于印发〈山东省中小学德育综合改革行动计划(2015—2020年)〉的通知》和《青岛市职业学校名班主任工作室建设工作实施方案(试行)》,坚持以德为先、育人为本、引领发展、能力为重、终身学习的发展理念,促进班主任提升自我修养、规划班级发展、营造育人文化、提升班级专业化管理、引领班主任职业化发展、优化班集体管理、顺应教育规律、适应社会实践等方面不断成长,建设一支有思想、有担当、有创造、有影响的教育家型班主任队伍,推动学校育人的和谐发展,为促进每个学生的终身发展提供教育的原动力。

"十三五"国家科技创新规划,依据《中华人民共和国国民经济和社会发展第十三个五年规划纲要》《国家创新驱动发展战略纲要》和《国家中长期科学和技术发展规划纲要(2006—2020年)》编制,主要明确"十三五"时期科技创新的总体思路、发展目标、主要任务和重大举措,是国家在科技创新领域的重点专项规划,是我国迈进创新型国家行列的行动指南。

二、基本思路

名班主任工作室按照整体规划、自我提升、重点推进、示范引领、协同创新、持续发展的思路开展工作,合理规划,认真实施,建立集德育实践、教育科研、培训研修等职能于一体的学习共同体、研究共同体、实践共同体和成长共同体。

通过内容丰富、形式多样的研修,培养工作室成员在班主任德育工作过程中养成特色和品牌意识,形成独具一格的工作风格,构建和谐的班主任工作机制,树立班主任工作品牌,形成行之有效且符合教育规律的班主任管理理念。

通过三年研修,使工作室成员成长为具有一流的班主任工作管理水平和领导能力,在本地区有一定影响力的班主任或德育工作者,引领青岛市职业德育教育的改革与发展。

三、研究内容及方式

名班主任工作室通过"政策解读""专业培训""研读经典""专家引领""考察学习""专题论坛""课题研究"和"对口帮扶"等八个版块进行研修。

(一)政策解读

正确解读《教育部人力资源和社会保障部关于加强中等职业学校班主任工作的意见》、教育部等六部门《关于加强和改进中等职业学校学生思想道德教育的意见》《关于印发〈山东省中小学德育综合改革行动计划(2015—2020年)〉的通知》《青岛市职业学校名班主任工作室建设工作实施方案(试行)》等政策,明确工作室的工作方向和目标。

(二)专业培训

认真学习有关《教育部人力资源和社会保障部关于加强中等职业学校班主任工作的意见》和《中等职业学校德育大纲(2014年修订)》的文件,进一步认识到中职班主任的重要性和中职班主任的主要工作职责,中职学校的德育目标、德育内容、德育原则、德育途径、德育评价、德育实施等内容,为工作室更好地展开工作奠定坚实的基础和提供理论依据。

(三)研读经典

围绕工作室确立的研究主题,每位成员每年深入研读5本以上经典著作,借鉴其教育思想和专业成长路径,提升工作室成员的专业素质,提高班级管理艺术,促使工作室成员向学者型班主任发展。通过开展经典著作解析、专题报告及学习交流等活动,促使工作室成员在先进教育思想的引领下,不断进行深入的德育教育理论探究和实践探索。

(四)专家引领

工作室将定期邀请教育专家为工作室成员做报告,工作室成员每年聆听专家报告不少于2场。通过对教育专家们具有较高理论高度的研究成果的理解,使工作室成员深刻认识德育教育的本质,开拓教育视野,提升教育理念。

（五）考察学习

有计划地组织工作室成员到省内外名校或品牌企业进行考察学习,提升工作室成员将理论转化为行动的自觉意识。在三年的研修过程中,工作室将组织工作室成员到省、市内外各类特色学校观摩,每年到省外教育考察不少于两次,实地感受知名学校的班主任工作的思想、班级管理理念,构建多元评价体系,促进学校与学生和谐发展。

（六）专题论坛

在每次"研读经典""专家引领"或"考察学习"之后,适时安排专题论坛进行交流讨论,使工作室成员在接受大量信息后第一时间进行梳理、消化并相互交换所思所想,使学习得以在第一时间发挥其价值。

（七）课题研究

根据教育改革与发展的需要,工作室确定研究课题,共同开展研究。工作室成员也可以根据自己学校的办学特色与管理特点确定课题开展研究,以课题研究引领德育教育改革。定期分享课题研究的阶段性成果,提高工作室成员的科研水平和理论素养,促进班级管理水平和专业能力提升。

（八）对口帮扶

工作室每年承办一次对外开放日活动,推广工作经验和研究成果,主动承担"岛城教育家成长论坛"主讲任务,推介自己的教育思想和班级管理特色,组织工作室成员参与指导区域学校的班主任工作及班级管理的发展,帮扶农村薄弱学校在班主任工作方面的发展和提升,每年教育帮扶活动不少于两次。

四、目标达成

（1）通过三年研修活动,做好一个课题,形成一个德育特色,培养一批优秀班主任,改进一所薄弱学校班主任工作的理念和效率,锻造一支优秀的班主任队伍。

（2）工作室成员对个人教育理念、班级管理风格、德育品牌创设、班级文化建设进行系统总结,形成标志性成果,推出体现成员教育思想、班级管理特色的学术论文、教育专著。

（3）班主任工作室成员初步形成自己的德育理念,领导力整体提升,成员所在学校构建起完善的促进学生身心发展、班主任专业素养发展和学校学生管理专业发展的德育教育管理体系,形成具有鲜明特色的德育风格。

（4）形成名班主任工作室品牌特色,在建设周期内,将本工作室打造成为教育家型名班主任的生长土壤、名班主任的成长摇篮、中青年骨干班主任的发展基地,在本地区起到示范引领作用。

孙洪锐名班主任工作室

2019 年 5 月

孙洪锐名班主任工作室三年发展规划

（2019—2022 年）

一、指导思想

以党的十九大精神为指导,根据《青岛市职业学校名班主任工作室建设工作实施方案(试行)》,坚持以德为先、育人为本、引领发展、能力为重、终身学习的发展理念,按照整体规划、重点推进、示范引领、协同创新、持续发展的思路开展工作,充分发挥名班主任的引领带动作用,为工作室成员个体以及所带领的团队提供相互学习、研讨的平台,实现团体与个体的共同提升。通过三年的建设,打造一支理念先进、视野开阔、能力卓越的优秀班级管理人才队伍。

二、总体目标

（一）做好一个研究课题

根据德育改革与发展的需要,确定研究课题,以课题研究为引领,承担改革任务。本着课题研究与工作实践相结合的原则,扎实推进课题研究。研究过程中及时提炼标志性成果,不断推出体现工作室成员德育思想、班级管理特色的学术性论文或教育专著。

（二）形成一个德育特色

根据当前职业教育的发展方向,明确工作室建设目标,通过三年建设周期,凝练教育思想,并在德育实践中不断修正、提升,形成工作室的特色,打造工作室品牌。工作室成员根据各校班主任工作的优势和特点,在其原有基础上提升发展,锤炼德育教育班级管理特色。

（三）培养一批优秀班主任

通过名班主任工作室研修,提升工作室团队的学习、研究、实践、交流能力,集中群体智慧探讨、解决工作室成员所在学校班主任工作存在的困惑和焦点问题,使工作室成员的道德修养、班级管理理念、管理能力和业务水平不断提升,实现自我跨越发展。

(四)改进一所薄弱学校的班主任工作

面向一所省内外农村薄弱学校,开展班主任工作帮扶活动,指导学校班主任工作发展,帮助学校在德育教学及班级管理等方面全面提升。

(五)锻造一支优秀班主任队伍

通过承担"岛城教育家成长论坛"主讲任务、承办对外开放日等活动,推广德育教学经验和班级管理研究成果,促进各校班主任及德育管理干部水平的提升,努力打造出一支勤于学习、善于实践的优秀班主任团队。

三、实施过程

(一)规划启动阶段(2019年5月—2019年8月)

1. 制定《孙洪锐名班主任工作室实施方案》《孙洪锐名班主任工作室工作制度》《孙洪锐名班主任工作室三年发展规划》和阶段性工作计划,筹备工作室启动工作。

2. 召开孙洪锐名班主任工作室第一次会议,学习《青岛市职业学校名班主任工作室建设工作实施方案(试行)》,讨论实施方案、三年发展规划和工作制度。建立工作室成员微信群,及时分享理论学习、实践经验和科研成果等信息。

3. 制定《工作室成员三年发展计划》。结合工作室的实际以及各成员情况,确定工作室工作目标和阶段性工作重点,确保工作室三年规划科学适宜。工作室成员依据工作室三年发展规划,结合个人特点,制定个人三年发展计划。

(二)全面实施阶段(2019年9月—2022年2月)

1. 定期组织活动。工作室每年组织集体活动不少于8次,根据活动内容邀请教育专家、专业导师参与指导。

2. 研读经典著作。每位成员每年研读经典著作不少于5本,通过系统学习理论,研读经典著作,借鉴其教育思想和专业成长路径。

3. 聆听专家讲座。工作室成员定期聆听专家专题报告,每年不少于4场,拓展教育视野,提升专业水准。

4. 组织教育考察。有计划地组织工作室成员到省内外名校或品牌企业进行考察学习,每年到省外教育考察不少于2次,系统学习借鉴其先进经验,集体研究剖析其德育管理的理念和经验、社会和学生发展需求和教育的规律。

5. 开展课题研究。根据教育改革与发展的需要，工作室确定核心研究课题，工作室成员共同完成。各成员也可根据学校或个人发展的需要确立研究课题，展开研究。

6. 开展帮扶活动。每年承办 1 次对外开放日活动，推广工作经验和研究成果，组织参与指导区域学校的班主任班级管理和德育工作发展，帮扶农村薄弱学校班主任班级管理和德育工作的提升，每年省内教育帮扶活动不少于 2 次。

7. 分享研修经验。每半年安排 1 次研修活动交流，组织专题论坛或班级管理经验交流，工作室各成员以科研报告、成果展示、论坛交流、现场展示等形式进行成果分享，研讨解决成员学校班主任班级管理和德育工作个性的发展问题。

8. 加强宣传引领。运用网络、微信等平台加强宣传，让各校全面、及时了解班主任工作室的工作动态、成员的研究成果及成员学校的典型经验，打造高效的对话和交流展示平台。

9. 完善档案管理。建立工作室成员档案，记录名班主任工作室成员成长的足迹。

（三）总结考核阶段（2022 年 3 月—2022 年 7 月）

1. 全方位总结工作室和工作室成员三年目标的落实情况，梳理工作室建设过程中的成绩和不足。

2. 对个人德育工作理念、班级管理风格、德育品牌创设、班级文化建设进行系统总结，形成标志性成果，推出体现成员教育思想、班级管理特色的学术成果。

3. 以《青岛市职业学校名班主任工作室建设工作实施方案（试行）》为依据，对工作室建设工作进行年度自评，对工作室成员进行年度考核。

四、保障机制

1. 依托工作室团队的创新成果，带动各成员扎实实施、高质量完成三年发展规划。

2. 各工作室成员发挥所在学校的学生管理特色和优势条件，在课题研究、实践锻炼、资金保障等方面给予支持。

3. 合理规划，规范使用教育局每年核拨的工作室专项经费。

孙洪锐名班主任工作室

2019 年 5 月

孙洪锐名班主任工作室 2019 年研修计划

根据《孙洪锐名班主任工作室实施方案》和《孙洪锐名班主任工作室三年发展规划》,制定本工作室 2019 年研修计划如下。

一、工作思路

认真学习贯彻《关于印发〈山东省中小学德育综合改革行动计划(2015—2020 年)〉的通知》《教育部人力资源和社会保障部关于加强中等职业学校班主任工作的意见》和《青岛市职业学校名班主任工作室建设工作实施方案(试行)》,通过内容丰富、形式多样的研修,培养工作室成员在班级管理和德育工作的过程中养成特色意识和品牌意识,提升德育教学、班级管理水平和组织领导能力,形成独具一格的管理风格,打造集德育教学、教育科研、培训研修等职能于一体的学习共同体、研究共同体、实践共同体和成长共同体。

二、主要任务

(一)国家教育政策学习

认真学习党中央国务院、教育部等六部门《关于加强和改进中等职业学校学生思想道德教育的意见》《教育部人力资源和社会保障部关于加强中等职业学校班主任工作的意见》和山东省《关于印发〈山东省中小学德育综合改革行动计划(2015—2020 年)〉的通知》,集体研讨,针对本市职业教育发展的德育要求提出班主任班级管理及德育工作的改革意见。

(二)研读经典著作。

系统学习理论,研读经典著作,组织读书沙龙,探讨先进德育思想和班主任工作专业化成长路径。

(三)聆听专家讲座

邀请教育专家就职业教育德育综合改革主题开展学术讲座,工作室成员聆听专家专题报告,并经常性参加学术会议,拓展教育视野,提升专业理论水平。

（四）组织教育考察

组织工作室成员到省内外名校或品牌企业进行考察学习,学习先进德育工作管理经验,剖析学生德育发展与社会经济发展需求和市场规律相适应。

（五）开展课题研究

针对工作室确定的核心课题及工作室成员各自立项的课题,按计划展开研究,并组织专家论证。

（六）开展帮扶活动

承办对外开放日活动,推广班主任工作经验和研究成果,组织指导区域学校班主任工作发展,帮扶农村薄弱学校德育工作的提升。

（七）分享研修经验

组织专题论坛,工作室各成员以科研报告、成果展示、论坛交流、现场展示等形式,进行成果分享,研讨解决成员学校班主任班级管理及德育工作的共性和个性的发展问题。

（八）加强宣传引领

运用网络、微信等平台加强宣传,让各校全面及时了解工作室的工作动态、成员的研究成果及成员学校的典型经验,打造高效的对话和交流展示平台。

（九）完善档案管理

完善工作室成员档案,记录名班主任工作室成员专业成长的足迹。

三、时间安排

2019 年 6 月,组织研讨 2019 年工作室研修计划,交流工作室的工作重点和举措及各成员 2019 年研修计划。2019 年 7 月,组织工作室成员进行德育改革政策解读和班主任班级管理工作的专业培训。2019 年 8 月,工作室主持人就"班主任工作及德育综合改革"主题开展讲座,工作室成员参与交流。2019 年 9 月,组织工作室成员参加相关德育名校考察,行程 4 天。2019 年 9 月,组织工作室成员帮扶活动。2019 年 10 月,主持人举行"家长大课堂"讲座。2019 年 10 月,组织工作室成员帮扶活动。2019 年 11 月,组织工作室成员对省市职教学会重点课题研究进行立项。2019 年 11 月,组织工作室成员帮扶活动。2019 年 12 月,工作室成员进行班主任工作案例研讨解读,并以此改进班主任工作思路和方法。2019 年 12 月,组织工作室成员帮扶活动。

四、工作要求

（1）工作室成员平时学习以自学为主,根据研究方向确定主题,按时完成学习任务,并利用工作平台交流学习心得。

（2）处理好研修与学校正常工作的关系,按时参加各项活动,无特殊情况不允许缺席,出勤情况纳入考核项目。

（3）工作室成员应主动承担学校特色观摩活动,开设校级及以上班主任培训讲座、报告会或研讨会。

五、保障机制

（1）依托工作室团队的创新成果,带动各成员扎实实施、高质量完成研修计划。

（2）各工作室成员发挥所在学校的管理特色和优势条件,在课题研究、实践锻炼、资金保障等方面给予支持。

（3）合理规划,规范使用教育局核拨的工作室专项经费。

孙洪锐名班主任工作室

2019 年 5 月 27 日

孙洪锐名班主任工作室工作制度

根据《青岛市职业学校名班主任工作室建设工作实施方案（试行）》，制定以下工作制度。

一、名班主任工作室职责

（一）承担班主任成员的培训和指导工作

通过"名班主任工作室"研修，提升成员的政治思想、师德修养、班级管理能力和核心素养，拓宽教育视野，提高班级管理和创新能力，从而实现培养名班主任、带动优秀的骨干班主任和青年班主任。

（二）搭建优秀班主任集中研修的平台

建立班主任积极参与、合作研修与自主发展的工作机制，全面总结班主任们的班级管理经验和思想，深入开展项目或课题研究。在研修周期内确定并开展至少一项课题研究，形成一批德育教学改革实验和班级管理研究成果，并在青岛乃至更大范围内产生一定影响。

（三）带动和指导薄弱学校班主任班级管理和德育教学工作

以研讨会、报告会、名班主任论坛、公开教学、现场指导等形式，每年承担至少一次主题展示活动，充分发挥工作室的示范辐射作用。

（四）完成教育主管部门交予的其他工作任务

二、工作室会议制度

每学期召开一次工作室计划会议，讨论本学期工作室计划，确定工作室成员的阶段工作目标、工作室的教育科研课题及专题讲座、考察观摩等内容。

每学期召开一次工作室总结会议，安排本学期班级管理、个人成长等方面需要展示的成果内容及形式，分享成功的经验，探讨存在的问题。

根据工作室计划，每学期至少安排两次阶段性工作情况汇报会议，督促检查课题的实施情况,解决实施过程中的难点问题。

电子档案资料及时更新,建立工作室成员微信群,及时进行信息沟通。工作室及时通过网络平台发布工作动态、成员论文、专题研究课例设计、典型案例及评析、教育故事、活动图片等。

三、工作室学习制度

（1）按时学习。工作室成员平时学习以自学为主,同时要根据研究方向,确定主题,并利用工作平台交流学习心得。处理好自身业务进修与学校正常工作的关系,按时完成学习任务。

（2）按需学习。工作室成员在每学期自我发展计划中明确学习内容、学习目标,按需有选择性地进行学习。

（3）工作室成员积极参加各级各类德育研讨活动。

（4）工作室实行每月一次研修学习制度,由工作室根据研究方向确定主题,每月集体研究一次。

四、工作室考核制度

（1）工作室成员应按时参加各项活动,无特殊情况不允许缺席,出勤情况纳入考核项目。

（2）工作室主持人由市教育局考核,工作室成员由主持人考核,主要从思想品德、工作态度、理论水平、管理能力、教育教学水平、研究能力等方面进行考核。

（3）工作室主持人每学期开设班主任培训讲座、报告会或研讨会不少于2次;每学期深入工作室成员所在学校了解情况不少于2次;每学年在省级及以上刊物发表论文1篇以上;每个工作周期内必须主持并与工作室成员共同完成至少1个市级以上研究课题。

（4）工作室成员每年至少承担1次学校特色观摩活动;每人每学年开设校级及以上班主任培训讲座、报告会或研讨会不少于1次;每学年在市级以上刊物发表论文1篇以上;研读教育专著或文学名著不少于3本,订阅2种以上管理方面的报纸杂志;每学期撰写至少3篇课题管理反思、教育案例或教育随笔;研修期内独立完成或协助主持人完成至少1个市级以上研究课题。

五、工作室经费管理制度

工作室专项经费用于工作室人员的资料费、培训交通费、食宿费、伙食补助、实验实习费用及教室使用费。工作室经费通过山东省平度师范学校财务统一使用,单独列支、专款专用。

孙洪锐名班主任工作室

2019 年 5 月

青岛市中职孙洪锐名班主任工作室成员量化考核条例

为规范工作室管理，引领成（学）员成长，创建共同学习、一起进步的良好氛围，特制定以下量化考核条例。

1. 每天 1 篇微博 1 分（上限 2 分），每天读 10 分钟书 1 分（上限 2 分）。

2. 参加工作室业务学习活动（5 分 / 次）。

3. 主持校名班主任工作室内部学习活动 5 分 / 次，主讲嘉宾 5 分 / 次。

4. 向网络平台（微博、博客）投稿被采纳 2 分 / 篇，负责一个平台 20 分 / 期。

5. 组织 1 次全校性比赛 10 分，总负责人 15 分。

6. 全校性示范班会 10 分 / 节，面向全市 20 分 / 节。

7. 专题培训校内 10 分 / 次，市级 20 分 / 次，助教减半。

8. 撰写新闻稿 5 分 / 篇（照片被刊发 2 分 / 张）。

9. 德育论文、教育教学反思、教育故事、主题班会课例 10 分 / 篇，获校级奖励一、二、三等奖另加 5、3、2 分，获市级、省级、国家级依次递增 2 分；发表在省级及以上刊物 20 分 / 篇。

10. 成功申报课题：校级立项 10 分；市级 20 分；结题再分别加 10、20 分。

11. 参加校级班主任专业能力大赛 5 分 / 项，获一、二、三等奖另加 5、3、2 分，参加市级、省级班主任专业能力大赛 20 分、获奖依次递增 2 分。

12. 阅读教育学、心理学相关著作 5 分 / 本。

13. 参加培训（校外）5 分 / 次，自费培训 10 分 / 次。

14. 成员帮带学员 5 分 / 名，期末所带学员平均分直接加入成员总分。

15. 按时上交材料 2 分 / 次。

本条例基本分 60 分，不设上限，中途另产生的工作量由工作室酌情加分。

工作室成员考核量化表

单位：   姓名：

序号	项目	自评	赋分	序号	项目	自评	赋分
1	微博、读书			9	论文（教育故事、主题班会等）		
2	业务学习			10	课题		
3	主持活动（主讲）			11	参加大赛		
4	投稿			12	阅读专著		
5	组织比赛			13	参加培训		
6	示范班会			14	带学员及成绩		
7	专题培训			15	材料上交		
8	撰写新闻、发照片			16	总分		
其他工作（附加分）						加分	
总分				等级			
工作室审核						年 月 日	

工作室室内墙壁文化

一、工作室文化理念

工作初心：助学生圆梦。工作使命：树家校新风。工作核心：爱与责任。

了解爱，学习爱，感知爱，拥有爱，践行爱，提升爱，成为爱。

一个学生在成长过程中，最大的幸运就是遇到一位富有爱心、对学生一生负责而又具有高超教育艺术的教师。有效的班主任工作一定是基于爱。爱自己的孩子是本能，爱别人的孩子是神圣。爱学生，首先要尊重和信任他们，认可和欣赏他们，宽容和理解他们，更要感恩彼此的陪伴和相互的成长与成就。要用心贴近学生的生活，用爱倾听学生的心声，使孩子们在爱的滋润下成长为一个拥有健康的体魄、高尚的品格、和谐的人脉、求实的态度、崇高的理想和孜孜不倦、矢志不移地追求目标的社会主义接班人。

工作理念：拥有爱的能力，彰显爱的力量，放飞爱的梦想。发挥班主任有限的作用，发掘学生无限的可能。常感恩、不抱怨，勇担当、讲奉献。学习、反思、成长；继承、创新、发扬。

工作寄语：优秀班主任，高贵而不高傲，儒雅而不迂腐，坚定而不固执，平易而不盲从。他像大海，因所思所想而让人尊重；他像高山，因所作所为而让人敬仰。这些品质不是与生俱来的，而是要一重一重地修炼……

二、工作室目标

（一）做好一个研究课题

根据德育改革与发展的需要，确定研究课题，以课题研究为引领，承担改革任务。本着课题研究与工作实践相结合的原则，扎实推进课题研究。研究过程中及时提炼标志性成果，不断推出体现工作室成员德育思想、班级管理特色的学术性论文或教育专著。

（二）形成一个德育特色

根据当前职业教育的发展方向，明确工作室建设目标，通过三年建设周期，凝练教育思想，并在德育实践中不断修正、提升，形成工作室的特色，打造工作室品牌。工作室成员根据各校班主任工作的优势和特点，在其原有基础上提升发展，锤炼德育教育班级管理特色。

（三）培养一批优秀班主任

通过名班主任工作室研修，提升工作室团队的学习、研究、实践、交流能力，集中群体智慧探讨、解决工作室成员所在学校班主任工作存在的困惑和焦点问题，使工作室成员的道德修养、班级管理理念、管理能力和业务水平不断提升，实现自我跨越发展。

（四）改进一所薄弱学校的班主任工作

面向一所省内外农村薄弱学校，开展班主任工作帮扶活动，指导学校班主任工作发展，帮助学校在德育教学及班级管理等方面全面提升。

（五）锻造一支优秀班主任队伍

通过承担"岛城教育家成长论坛"主讲任务、承办对外开放日等活动，推广德育教学经验和班级管理研究成果，促进各校班主任及德育管理干部水平的提升，努力打造出一支勤于学习、善于实践的优秀班主任团队。

三、工作室实施方案

（一）定期组织活动

工作室每年组织集体活动不少于 8 次，根据活动内容邀请教育专家、专业导师参与指导。

（二）研读经典著作

每位成员每年研读经典著作不少于 5 本，通过系统学习理论，研读经典著作，借鉴其教育思想和专业成长路径。

（三）聆听专家讲座

工作室成员定期聆听专家专题报告，每年不少于 4 场，拓展教育视野，提升专业水准。

（四）组织教育考察

有计划地组织工作室成员到省内外名校或品牌企业进行考察学习，每年到省外教育考察不少于 2 次，系统学习借鉴其先进经验，集体研究剖析其德育管理的理念和经验、社会和学生发展需求和教育的规律。

（五）开展课题研究

根据教育改革与发展的需要,工作室确定核心研究课题,工作室成员共同完成。各成员也可根据学校或个人发展的需要确立研究课题,展开研究。

（六）开展帮扶活动

每年承办一次对外开放日活动,推广工作经验和研究成果,组织参与指导区域学校的班主任班级管理和德育工作发展,帮扶农村薄弱学校班主任班级管理和德育工作的提升,每年省内教育帮扶活动不少于两次。

（七）分享研修经验

每半年安排一次研修活动交流,组织专题论坛或班级管理经验交流,工作室各成员以科研报告、成果展示、论坛交流、现场展示等形式,进行成果分享,研讨解决成员学校班主任班级管理和德育工作个性的发展问题。

（八）加强宣传引领

运用网络、微信等平台加强宣传,让各校全面、及时了解班主任工作室的工作动态、成员的研究成果及成员学校的典型经验,打造高效的对话和交流展示平台。

（九）完善档案管理

建立工作室成员档案,记录名班主任工作室成员专业成长的足迹。

四、工作室成员及个人简介和学习园地

（一）工作室领导小组

组长:赵宏亮

副组长:马延信、王启龙、赵丽、刘显志

工作室主持人:孙洪锐

工作室成员	单位
邢赛	山东省平度师范学校
宋玮	山东省平度师范学校
张家跃	山东省平度师范学校
刘雪	山东省平度师范学校

续表

工作室成员	单位
张洪敏	平度市职业中等专业学校
于帅	平度市职业中等专业学校
刘奎华	莱西市机械工程学校
张华	莱西市职业教育中心

（二）个人简介

文化墙一角是工作室成员个人简介（简介包含每位老师的照片和感言），通过这种呈现方式，使每位成员有一种家的感觉，激励大家团结一心，共同进取。

（三）学习园地

设置"学习园地"的目的是让老师们在每个时期心中一定要有目标、有热点、有主题。有目标是要老师们有自己的近期目标和长远目标，充分发挥目标导向作用，给自己努力的方向。有热点就是要关注社会、学校、班级中学生的热点问题，要紧跟时代的步伐，解决学生的实际问题。有主题就是要结合中国的传统文化、重大节日、时令节气等选择主题，贴近学生生活实际，使学生的教育接地气。"学习园地"的形式不拘一格，常换常新，激励老师们大胆创新，使每位工作室成员都能找寻到自己的位置。

五、工作室信念（墙上大字）

"爱是一种伟大的力量，没有爱就没有教育。"——陶行知

"疼爱自己的孩子是本能，而热爱别人的孩子是神圣！"——林崇德

第二章

成长篇

问道衡水二中，求取教育真经

——孙洪锐老师开展全校班主任专题培训

2019 年 11 月 22 日—23 日，全国班级管理经验交流研讨会暨衡水二中"励志＋养成"双优德育模式现场会在河北衡水二中成功召开。在青岛市中职名班主任工作室主持人孙洪锐老师的带领下，工作室的五位成员来到衡水二中，共同学习、探讨德育发展方向和经验及班主任工作艺术的研究。

为进一步提升工作室教师们的专业素养，促进全校班主任的专业化成长，12 月 15 日，孙洪锐老师面向全校班主任开展了专题培训，从"名师论道""二中人谈教育""感悟与反思"三个方面对这次研学的成果进行介绍。王启龙副校长应邀出席，学生处王晓辉主任主持培训会。

首先，孙老师介绍了全国班级管理经验交流研讨会的考察工作，介绍了衡水市第二中学从建校初期规模小、底子薄的职业高中，通过独创"原生态教育"理念，弘彰"低进优出"办学品牌，全面提升办学质量，打造成了全国知名学校。

"学校发展，理念先行。"孙老师提到，衡水二中在全国率先提出来打破"唯生源论"，对中职学校的德育工作突破有特殊的意义。想，都是问题；干，才是答案！衡水二中提炼出的"原生态教育"理念，就是通过精细化管理，采用"励志＋养成"双优德育模式，培养孩子优良习惯和优秀品格。

原：返璞归真，追求真实的教育理想。说真话、办真事、求真知、做真人，应该成为学校最质朴、最真实的教育理想。

生：生生不息，实现生命价值的极限提升，给予学生可持续发展的动力。

态：超越不止，营造精神气场，注重营造整个学校的办学氛围，使之趋于最美之境地。

此外，孙老师从以下五个范畴介绍了衡水二中的德育管理特色。

"尊重教师、依靠教师、服务教师、成就教师"，衡水二中教师管理的"十六字方针"也是一大特色。孙老师强调，以人为本，不仅主张人是发展的根本目的，回答了为什么发展、发展"为了谁"的问题；而且主张人是发展的根本动力，回答了怎样发展、发展"依靠谁"的问题。

"教育情怀是做好班主任工作的基础,"孙老师深刻总结道,"教育情怀不仅仅是对职业和学生的热爱,更多的是在不断的学习和提升自我的同时,甘愿为学生做出符合教育规律的改变和奉献。"

孙老师鼓励工作室成员特别是青年班主任,要端正心念,确立班主任工作目标。首先,树立全心全意为学生服务的思想,不断地激励学生树立自己的人生目标,并敢于为此不断奋斗。其次,引导和帮助学生养成好的学习生活习惯,使他们形成正确的人生价值观。再次,用自己的实际行动陪伴学生成长,帮学生形成良好的责任心,体会到爱的教育。最后,在陪伴中不仅要尊重、信任、宽容、理解学生,更要认可和欣赏学生,与学生在感恩和奉献的氛围中一同成长。

后记:

电视剧《亮剑》中李云龙有这样一段经典台词:"(一支部队的)传统和性格,是由这支部队组建时首任军事首长的性格和气质决定的。他给这支部队注入了灵魂,从此不管岁月流逝,人员更迭,这支部队灵魂永在。"军队如此,学校亦然,班级如是,强大的气场一经形成,即使师生人员会有所更迭,正能量气场却不会减弱,更不会消失,而是会不断地融入新的因素,感染新的人员,发挥新的作用。

身为班主任,我们应该具备怎样的性格和气质?应该给学生注入什么样的灵魂?这是我们班主任永恒的课题,愿与各位同仁共同努力。

与心相约 与爱同行 家校共育 幸福人生

——名班主任工作室主持人孙洪锐家校共育讲座

【班主任寄语】

任何事业上的成功都抵不过教育孩子的失败,成功的育儿就是对自己后半生幸福的最好投资。

亲爱的家长们,你们好!

欢迎来到平度师范学校,平度师范学校建于 1912 年,是一所历经沧桑、拥有深厚文化底蕴的百年老校。

同时祝贺你们的孩子考入平度师范学校,不管是 3+4 的小教专业,还是 3+2 的幼教专业,能成为平师的一员,说明您的孩子是优秀的。当然,每一个优秀孩子的背后,都离不开优秀父母的培养,在此,请允许我代表孩子们向你们表示深深的感谢,你们辛苦了!

今天,有幸和各位家长们欢聚一堂,共话育儿,我想以老师和家长的双重身份和各位分享一下育儿体会。我的女儿现在正在上大学,她是大学学生会的秘书长,入学三年以来一直是二等以上奖学金获得者,曾参加国际数学建模美赛并荣获二等奖,作为数学专业的学生连续两届参加全国大学生英语大赛,均获一等奖,大二就拿到英语六级证、计算机三级证书、高中教师资格证……,现在正在全力以赴准备跨专业心理学研究生考试。本人也经历了 20 多年的班主任工作历程,送走了八届毕业生,和孩子们一起创造了五届青岛市优秀班级和优秀团支部。孩子们非常争气,每届的专升本升学率和事业编制的考录都是名列前茅,期间 1997 级音乐班的王伟同学成为青岛市音乐专业中师升本科的第一人,也是最后一人。今天有太多的经历、体会、感慨和各位家长一同分享。

今天我与大家分享的题目是“与心相约　与爱同行　家校共育　幸福人生”。

著名教育家陶行知先生说过“千教万教教人求真,千学万学学做真人”,《大学》里讲“格物、致知、诚意、正心”,而后才能“修身、齐家、治国、平天下”。

人和人之间的沟通首先是建立在真诚心上，一个人可以拒绝一切，但是无法拒绝别人对他的真诚。我们今天是心与心相约，更是情与情的交融。

爱与责任是一个道德人的核心和灵魂。一切的沟通和交流都是基于爱，爱自己的孩子是本能，爱别人的孩子是神圣。真正的爱是无私的，是无所求的，是不图任何回报的真诚付出。尤其是在对孩子们的教育中，更要用真诚心去爱他们，首先要尊重信任他们，宽容理解他们，甚至更要感恩他们，我们的人生价值更多地体现在孩子们身上。是孩子陪伴了我们，在他们的陪伴下我们和孩子共同得到了成长，我们为何不去感恩他们呢？所以，今天的聚会，更是一场爱的盛会。

一个人一生的成长离不开三种教育：家庭教育、学校教育、社会教育。如果把一个人的成长比做成一棵树的话，那么家庭教育是树根，学校教育是树干，社会教育是树冠。

国家"十二五"重点课题调查研究发现：家庭教育占孩子教育影响因素比重达51%以上，学校教育占孩子教育影响因素比重达35%，社会教育占孩子教育影响因素比重达14%，家庭教育是其他教育的基础，有了好的家庭教育，结合更好的学校教育和社会教育，才能培养出优秀的孩子。

追求幸福快乐的人生是每一个人的终极梦想。幸福快乐的人生离不开幸福的家庭，幸福的家庭离不开每一个幸福快乐的家庭成员。中国文化特别重视家和万事兴，和气生财，以和为贵。而幸福的每个人又离不开健康的身心，希望通过今天的交流和分享，我们每一位家庭成员身心都能更加健康，拥有一个幸福快乐的人生。

今天就家庭教育问题，和各位家长分享三方面内容：一是家庭教育的重要性；二是家庭教育面临的挑战、问题和误区；三是家庭教育应有的理念和方法。

一、家庭教育的重要性

有这样一位老师，他带了一个55人的班级，其中37人考进清华、北大，10人进入剑桥大学、耶鲁大学、牛津大学等世界名校并获全额奖学金，其他考入复旦、南开等大学。不仅如此，校足球冠军、校运动会总冠军、校网页设计大赛总冠军等6项文体冠军，都被这个班夺走；音乐才子、辩论高手、电脑奇才、跆拳道高手在这个班比比皆是。

他也是一名相当成功的父亲,他的女儿也以优异成绩被北大录取。他就是全国优秀教师、人大附中数学老师王金战。关于家庭教育他有这样的观点:

(1)影响孩子成绩的主要因素不是学校,而是家庭。

(2)如果家庭教育出了问题,孩子在学校就可能会过得比较辛苦,孩子很可能会成为学校的"问题学生"。

(3)成绩好的孩子,妈妈通常是有计划而且动作利落的人。父亲越认真,越有条理,越有礼貌,孩子成绩就越好。

美国约翰•霍普金斯大学教授科尔曼在《关于教育机会平等性的报告》称:家庭教育一直在幕后操纵孩子的学校生活,家庭教育是学校教育永远的背景和永远的底色。

2007年,日本人三浦展指出:父母的生活习惯影响孩子的学习成绩。父母能做的就是改善孩子的生活习惯。如果孩子在家庭生活中没有成为"三好学生"(身体好、性格好、生活习惯好),就很可能成为学校的"差生"。孩子养成了这些坏习惯,无论教师与校长多么能干,也很难改变孩子"差生"的命运。

二、家庭教育面临的挑战、问题和误区

(一)家庭教育面临的挑战

1. 来自社会的挑战

(1)时代发展带来的知识、观念更新的挑战。

(2)市场经济下的价值观挑战。

(3)社会的主导价值观受到的挑战。

(4)家庭教育受到的社会环境的挑战。

(5)家庭教育受到的学校教育的挑战。

2. 来自孩子的挑战

(1)孩子行为习惯有违社会的传统道德规范,冲击家庭常规教育。

(2)心理疾患或隐或现,挑战家长的认知水平。

(3)孩子忧郁、焦虑、性意识、学业压力、信息刺激,给家长带来新的挑战。

(4)孩子喜好大胆怪异,挑战家长的价值观。

(5)孩子在成长过程中,越到高年级,身心的发展对家教水平提出的要求越高。

（6）家长不能与孩子一起成长，水平有限，权威下降。

（7）相处时间很少，机会减少，缺乏深度的交流。

（8）新时代孩子的独立意识增强。

但是，不管挑战有多大，对孩子的管教永远是我们的事业。因为我们是孩子的家长和人生的导师，这一职务终身不能辞职，不能退休，18岁以前你不管，18岁以后还是来找你麻烦。你后半生的幸福指数就是你孩子的发展状况。所以我们家长朋友不要只管现在快活，不管孩子，否则将来烦恼不断，只要孩子过不好，你一辈子就会牵肠挂肚，这就是父母！

（二）家庭教育面临的问题和误区

1. 首先，要明确当代孩子成长的特点与存在的问题

（1）成长的特点：不崇拜权威，不轻易服从，不迷信宣传。

（2）存在的问题：缺乏远大志向，理想异化；不能吃苦耐劳，不能经历风雨，意志退化；不懂得感激生活，感恩父母，情感荒漠化；缺乏信念支撑，精神软化；沉湎于电子游戏和网络聊天，课外生活低俗化；身体虚弱，体质弱化；性格脆弱，心理贫瘠化；厌烦学习，课外读书卡通化。

2. 其次，进一步明确家庭教育面临的问题和误区

（1）家长能力认知的差异，决定孩子成长中核心素养的差别。

人民日报《教育改革要从家庭教育开始》这篇文章提出家长有五个层次：第一层次，舍得给孩子花钱；第二层次，舍得为孩子花时间；第三层次，家长开始思考教育的目标问题；第四层次，家长为了教育孩子而提升和完善自己；第五层次，父母尽己所能支持鼓励孩子成为最好的自己，也以身作则支持孩子成为真正的自己。

我想问各位家长，除了愿意为孩子花钱，你还会为孩子花时间吗？你还会思考教育、思考孩子的人生规划、思考与孩子同步学习、伴随孩子成长吗？你能够始终与孩子成长对话吗？你的思想与孩子成长的步伐合拍吗？我想大部分的家长可能在物质上花费多一些，精神层面的要少一些。

我们做家长的是否满怀热情和梦想，是否科学做家长、理性做家长，而不是以"父爱母爱的名义"，在有意无意中伤害我们的孩子，影响了孩子的成长呢？

（2）孩子的问题是家长教育问题的反映。

孩子在成长中体现出来的诸多问题，大都是由父母错误的教育意识和理念

造成的。

其中有十种常见的错误的家庭教育方式：

第一，太多的关爱，使得孩子不知珍惜；

第二，太多的唠叨，使得孩子逆反对抗；

第三，太多的干预，使得孩子缺乏自主；

第四，太多的期望，使得孩子难以承受；

第五，太多的责备，使得孩子失去动力；

第六，太多的迁就，使得孩子不知约束；

第七，太多的在意，使得孩子要挟家长；

第八，太多的享受，使得孩子不知节俭；

第九，太多的满足，使得孩子缺乏快乐；

第十，太多的溺爱，使得孩子不能成长。

许多家长因为不了解孩子的身心发展规律，缺乏正确的家教理念，没有掌握家庭教育的智慧，没有恰当的亲子沟通方法，从而导致我们以爱的名义伤害着我们的孩子。我们错误地以为父母无偿地付出就会有理想的回报，虽然我们付出不图回报，但是我们在爱孩子的同时，更要让孩子感知我们的爱，不要让爱泛滥，更不要以爱的名义伤害孩子。

（3）忽视学校家长会对孩子成长的重要性。

开好家长会是家校共育的重要环节，是孩子成长的重要条件。一般情况下，来参加家长会的家长中，有爷爷奶奶，也有亲戚代表，妈妈家长多，要特别对当爸爸的能参加家长会点个赞，对夫妻都参加的点个赞。家长会就是教育者的大聚会，家长是我们老师教育孩子的合伙人，合伙人不来如何合伙教育你的孩子？对你自己的孩子你都不上心，还能指望别人上心？老师可以上心，但是效果就差远了。家长要提前备好课，至少完成以下四个环节。① 安排好本职工作，按时参加。如确因工作忙脱不开身，则应向班主任老师说明情况后请假，日后约请老师单独交流，不要错过时机。② 赴会前有机会应认真地与孩子谈一次话，带着问题与老师个别交谈，主动向老师反映孩子的情况，征求老师的意见和建议，把问题、忧虑全部提出来，和老师共同研讨。③ 认真听取学校领导或老师关于学校情况的汇报，重点领会学校工作的进展和教育的发展趋势，从而明确学校和老师对孩子提出的要求。④ 回来后与孩子认真谈心，交换意见，与孩子共同研究改进措施,制订下一步努力目标。

老师教学负担重,精力有限,因此,家长要主动与学校取得联系,及时向老师反映和了解孩子表现情况,以便学校家庭共同配合,把孩子教育好。

三、家庭教育应有的理念和方法

正确有效的家庭教育,必须具备顺应教育规律的理念和方法。

(一)正确处理与学校和老师的关系

相信并配合好学校和老师的工作很重要。老师、家长、学生三者之间的关系就好比一个等腰三角形,三角形下边两角是家长和老师,老师和家长的长度可以决定学生的人生的高度。学生是顶点,无论活动的方式还是内容都要围绕学生,以学生为中心,这是我们办学的追求点!

家长不要当着孩子的面非议老师,非议学校的规定要求。这不利于孩子建立规则意识,会让孩子增加抵触情绪、投机心理。

我们有些家长朋友认为年轻老师缺乏工作经验,不能胜任教育自己孩子的工作。其实,我们都是从年轻过来的,优秀与年龄不成正比。尊重孩子的老师也是在尊重我们自己,同时更好地为孩子赢得未来。和家长们分享一下我在干班主任期间,两个很有代表性的家校共育案例。

案例一:"爱"唤醒了孩子的心灵

【背景】学生张某某,女,胶州人,性格软弱、孤僻、自卑,不敢抬头看人,和同学们的关系极差,一个人独来独往,经常和舍友们发生矛盾和冲突,入校不到一个月就产生厌学的情绪,非要退学回家。父母来到学校做她的工作,她撒腿就往校门外跑,非要让父母带她回家。

【理念】家是爱的源泉,学校是爱的港湾,从根上找出个案的问题所在,因材施教,哪里缺失哪里补。

【过程】首先,我深入到了这个学生的家庭进行家访,通过与她父母的交谈和自己的观察,我了解到:由于父亲从事常年跑外的工作,回家的机会和时间很少,和孩子沟通的机会更少。她母亲的性格又很内向,不善于和人沟通,不知道该如何与孩子交流。这样的家庭环境让她从小就缺乏安全感,父爱的缺失使张某某更不愿离开妈妈,而妈妈由于本身性格的缺失,加上不会很好地引导教育孩子,因此孩子有这样的性格就不足为奇了。

我针对以上问题采取了以下措施。① 和孩子的父母经过深层的沟通和交流,最终达成协议,即爸爸要常回家,经常和孩子沟通交流;妈妈要意识到自己的问题,努力修正提高自己,在孩子对学校环境不适应的这段时间里,多到学校看望她,甚至可以暂时住在学校附近,让孩子有一种安全感,帮助孩子逐渐习惯学校生活。② 班主任尽量承担起作为"父亲"应尽的责任,弥补孩子父爱的缺失,增加她在学校的安全感;经常和她谈心,关注她的日常行为和心理状况,并给予及时的建议和引导,力求将问题解决在萌芽状态。③ 帮助改善周围人际环境,为孩子创造较好的发展空间,让班里阳光积极的同学进行一对一的帮扶,并和她同宿舍的学生进行沟通,让她们了解到张某某的特殊情况,对她要理解和宽容,帮助她走出困境。④ 信任孩子,为孩子创设锻炼的机会,多参加学校和班里的活动,并试着让其担任班干部,通过为班里的同学服务的过程,增添张某某的信心,实现孩子的价值感。

【效果】在入校的一年时间里,虽然张某某的负面情绪有所反复,但明显比刚入校时有了很大的变化,性格开朗了很多,能和同学们融到一起了。第二年,她发生了根本性的变化,不仅性格开朗,做事积极,学习成绩也直线上升,入选学校文艺部部长,一跃成为学校文艺骨干,其变化可谓翻天覆地。最让人兴奋的是,在 2013 年就业状况不佳(名额少)、就业压力很大的情况下,她成了即墨市唯一一名考录成功的应届毕业生,成为一名小学教师。因为孩子,我和她的父母也成了一生的朋友。

案例二:家校共育,成就孩子的美好未来

【背景】学生闫某,女,即墨人,性格温柔、善解人意、成绩一般,生活中不够自信,学习生活没有目标。因为种种原因高二时辍学在家,已在一家餐馆打工两个月。

【理念】原生态家庭环境的影响和家庭教育的缺失是孩子一切问题的根源,学校是家庭教育的延续与完善,社会是家庭教育的实践与检验。从根上找出个案的问题所在,因材施教,哪里缺失哪里补。

【过程】首先深入到了这个学生的家庭进行家访,通过与她父母的交谈和自己的观察,我了解到:由于父母身体不好,常年从事体力劳动,家里经常入不敷出,加上姊妹三人,一个弟弟一个妹妹,生弟弟时由于违背了计划生育政策被罚款,家里已经负债累累。在这样的家庭环境下,从小就很懂事的她,想早早替父母承担起家庭的重担,加上社会上许多读书无用论的影响,还有自己学习生活目标的缺失,因此她产生了辍学的行为。

针对以上问题采取了以下措施。① 和孩子的父母深层交流,让家长真正意识到此时辍学对孩子一生的负面影响有多大,从而达成协议,让孩子回归学校;同时要让父母意识到,自己在孩子成长过程中对孩子教育问题的缺失和误导,努力修正学习,提升自己的育儿观念和意识,同时在孩子今后的成长中不断地鼓励孩子并以身作则给孩子做一个好的榜样。② 班主任尽量承担起作为"父母"应尽的责任,弥补孩子成长教育上的缺失,增加她在学校的安全感和自信心。经常和她谈心,关注她的日常行为和心理状况,并给予及时的建议和引导,帮助孩子树立起学习的目标和生活的动力,力求将问题解决在萌芽状态。③ 帮助学生改善周围人际学习和生活环境,为孩子创造较好的发展空间,让班里阳光积极的同学进行一对一的帮扶,并和她宿舍的学生进行沟通,让她们了解到闫某的特殊情况,对她要理解和宽容,帮助她走出困境。④ 为学生创设锻炼的机会,多参加学校和班里的活动,并试着让其担任班干部,通过为班里的同学服务的过程,增添闫某的信心,实现孩子的价值感。

【效果】在再次入校不到一年时间里,闫某一改以前没有目标、自由散漫的生活状态,各个方面都有了很大的变化,性格开朗了很多,做事也积极了很多。闫某方方面面发生了根本的变化,学习成绩直线上升,并入选学校学生会,一跃成为学校学生会的骨干分子,其变化可谓翻天覆地。最让人兴奋的是,她在2017年考上了为数不多的专升本,升入临沂大学就读。当再次见到她时,她已经于某大学就读研究生。此时此刻在感受学生成功的同时,也体会着当班主任的荣耀。

从上面的两个案例我们是否能体会到:孩子的问题,首先是原生态家庭问题,问题的解决离不开原生态家庭的支持和配合。

苏联教育家苏霍姆林斯基说:"如果没有整个社会首先是家庭的高度教育素养,那么不管教师付出多大的努力,都收不到完美的效果。学校里的一切问题,都会在家庭里折射反映出来,而学校复杂的教学过程中产生的一切困难的根源都可以追溯到家庭。"

家长可参与教育,但不能干预。学校和家长是教育合伙人的关系,合伙时间就是孩子在校期间。让懂教育的来从事教育。谁都不应该成为弱势群体,谁也不能成为强势群体。家长如果觉得有什么问题,可以与学校交流,但在孩子面前一定维护学校的规定和老师的权威。

（二）正确处理与孩子之间的关系

好的亲子关系是有效进行家庭教育的前提和基础，对孩子的教育要讲究策略。亲子关系状况决定了教育孩子的效果：

良好的亲子关系 + 规矩 = 响应

恶劣的亲子关系 + 规矩 = 叛逆

良好的亲子关系是家庭教育成败的关键，而好的亲子关系离不开良好的谈话和沟通。你知道孩子在成长变化吗？你知道孩子现在在想什么吗？你会与孩子交流吗？许多家长在社会在单位能言善辩，但由于不知道亲子沟通技巧，和孩子说不到一起去，坐不到一块去。

在孩子面前，既要有严父的一面，也要有挚友的一面。我女儿每次从大学回来，我们都会探讨很多话题，经常胡侃神聊几个小时。我们谈了很多类似于如何把握大学的学业与创业、成绩与活动、恋爱与成家、出国与考研等问题，在探讨的过程中，也会产生很多分歧，但每次都会在争议中最后意见达成一致，分歧得到有效的解决。

孩子在成长，你要知道该管与不该管的尺度，要知道理解与尊重的重要性。如何与孩子谈话与沟通呢？这里有几个建议。

第一是抓住把柄谈。俗话说，牵牛要牵牛鼻子，打蛇要打七寸。如果家长谈话抓不到点子，整天泛泛地要求他应该这样，应该那样，一见面就反复叮嘱"要好好学习"，成天将陈词滥调挂在嘴边，孩子不烦才怪！如果家长平时多观察，积极与孩子和老师沟通，多到学校走一走，了解一些真实的具体情况，那么一旦谈话，"某月某日某时某地某事"，内容确凿具体，孩子一下子被点中穴位，知道你在真正关注他，再继续谈下去效果会截然不同。

第二是集中时间谈。孩子平时忙于学习，外面任务重，人累；回家你啰唆，心累，没有喘息的空间，他怎么可能会与你心平气和地坐在一起呢。因此，平时应看在眼里，记在心里，注意场合，一周或一段时间，找一个不受干扰的固定时间和地点将问题集中起来，家长提前备课，很庄重地与孩子坐在一起，要么不说，要说则集中起来一次说到位，有力度有深度。

第三是针对问题谈。成长中的孩子不可能没有不足，而且不足表现在多方面。与孩子谈话不要奢望面面俱到，集中地针对一两个问题突破就足够，其他问题时机不成熟则不谈。谈的多,面拉得宽反而效果不好。要就事论事,不要提陈年老账,与其他孩子攀比,胡乱联系,主观臆断。总之,站在孩子角度理解他,以平等的身份尊重他,以理谈事说服他,既指出问题,又给足面子,既找到不足,又善于肯定。相信孩子,给孩子以成长发展的机会,孩子才会慢慢理解家长的苦衷,才会慢慢敞开心扉。

第四是注意沟通时的语言、语气、肢体语言。沟通三要素包括语言、语气、肢体语言,其三者产生效果的比例为 7%、38%、55%,所以与孩子沟通时一定注意语气和态度。有时候我们家长说了半天,孩子会说:"我知道你说的都对,但我讨厌你说话时的语气和态度。"这样的沟通显然是没有效果的。用平和的心态、和蔼的语气、真诚的态度与孩子沟通,一定会收到事半功倍的效果。

正确掌握三种以上基本教育理论,做不断学习的家长。家长要研究孩子特点,了解孩子学习阶段的情况,密切关注孩子的变化和需求,为孩子的成长保驾护航,真正扮演好合格的监护人角色。我们许多家长朋友出发点是好的,用心是良苦的,但是想要当一名合格的家长,我建议家长朋友可以了解一下以下教育理论。

1. 最近发展区理论

别老是拿自己孩子和别人孩子比较。孩子不管成绩怎样,实质上没有什么优生差生的区别。家长们要知道,每一个小孩都是种子,只是每个人花期不同,有的花一开始就绚丽绽放;而有的花,却需要漫长的等待。不要紧盯别人的花,不要觉得别人家的永远都是好的,相信花有自己的花期,细心呵护,看着他一点点地成长,这何尝不是一种幸福。也许你的种子永远都不开花,因为他是一棵参天大树。

孩子的发展有两种水平:一种是学生的现有水平,指独立活动时所能达到的解决问题的水平;另一种是学生可能的发展水平,也就是通过教学所获得的潜力。两者之间的差异就是最近发展区。说得通俗一点,就是我常说的"看起点,比进步"。每个孩子知识能力、情商智商有差别,每个孩子只要做最好的自己就行了。我们多纵向比,孩子自己多与自己比,今天与过去比,只要现在的自己超过过去的自己,就应该肯定、鼓励孩子。总成绩不够理想,单科在进步也要肯定,这块知识不行另外一块知识相对过去进步了也应该肯定,奋斗目标让孩子目前看得见,够得着,才有希望去努力跳一跳摘桃子。

不要老是关注分数,应多关注孩子名次的变化,只要年级的名次在进步就行,没有进步也要冷静分析而不是武断地全盘否定。每个孩子只要盯着下一个目标,每次小步快走就行。每个孩子的起点是不一样的,每个孩子的发展也是不一样的,不能拉得一般长,提一样的要求。

2. 压力与绩效理论

不要给孩子施加过大压力。压力与工作绩效成一个倒 U 形的关系。压力太小不利于激发人的动力,压力过大又使人被压抑,导致不能得到高的绩效,所以要有适当的压力才能有一个好的工作绩效。

北大清华谁不愿意上?但并非北大清华人人都能上。在努力中实现,在实现中找到成功的感觉,不断地增强自信,才会不断进步。适度的压力是动力,不当的压力是反动力,并非压力越大动力越大。学会因人而异,适当加压或减压。

我们许多孩子之所以成绩不稳定,要么是家长加压过度,要么是自我加压过度,都会造成荡秋千。过山车的成绩也不是家长需要的,每次给孩子提奋斗目标要切合实际。

（三）正确处理与家庭成员的关系

如果你真的爱孩子,那就请你好好地爱他的妈妈(爸爸)吧。中国是一个讲求以和为贵的国家,特别注重家和万事兴。孩子是看着家长的背影长大的,和谐的家庭比什么都重要。重视家庭教育就是对学生的健康发展终生负责。人来自于家庭,成长于家庭,将来他也要营造自己的家庭。所以我的体会是:夫妻关系很重要,父母是孩子的大树,是孩子的靠山,没有父母就没有家,更谈不上良好的成长环境。

1. 和谐融洽的夫妻关系是孩子健康心理的有力保障

夫妻关系和谐,孩子多有稳定的安全感、归属感,性格多乐观、自信、诚实,遇到困难,多采用积极的应对方式。

2. 和谐融洽的夫妻关系教会孩子待人接物的正确方式

家庭就是孩子的小社会,父母之间的相处,就是孩子的一门潜移默化的"修养课"。孩子在这里,本能地对父母模仿学习,形成自己与人相处的方式。夫妻恩爱,相互尊重,孩子也多彬彬有礼,富于爱心。

3. 和谐融洽的夫妻关系是孩子将来美好婚姻模式的启蒙

家庭中夫妻关系的状态,会在孩子的潜意识当中留下印记,影响到他将来对待异性的方式以及对待婚姻的态度。

我与我的爱人从有孩子就定了规矩:夫妻双方管孩子,只要一个在管,不管对错,另外一个都不能插手,目的是维护权威;夫妻双方不能在孩子面前出现激烈争吵,有问题私下解决,目的是让孩子有安全感;夫妻双方不能在孩子面前谈论对方的老人,有想法私下交流,目的是让孩子尊老孝顺。

既然夫妻是教育的合伙人,就要同向同心,信任配合。现在隔代监护多,很多是老人在照顾孩子,我们家长要明白老人只能照顾一下孩子的生活,自己生的孩子一定要自己养、自己教、自己管。家长要成为学习型家长,家长的学习行为会对孩子起到潜移默化的作用。有中小学生的家庭,最好不要经常在家里打牌玩麻将,也最好不要整日里高朋满座喝酒闲聊,要给孩子一个相对安静的学习环境。

我过去的家庭公约:只要孩子不毕业,家里是不设牌桌的。我常常与孩子比赛晒业绩,比如2016年高考后我与女儿约定,当女儿大学毕业时,我一定将自己多年的教育研究整理成专著,为此而不断努力着。父母生活正能量,不愁孩子不正能量。

人到中年,事业重要,家庭更重要!孩子是我们生命的延续,不管我们在外面如何轰轰烈烈,最终我们还要回归家庭。培养好自己的孩子,关注他的成长,同样可以作为一项事业!多一个成功的孩子,多一个成功的家庭,成就和谐的社会,不也是在为社会汇集正能量吗?

谈几句家庭教育的感悟:你可以不优秀,但是你可以表现得很积极;你可以生活委屈,但是你可以表现得很热爱生活;你可以很平凡,但是你不能表现得太平庸。你常常牢骚满腹怨天尤人,你指望孩子积极乐观发奋自强?你成天浑浑噩噩无所事事,你指望孩子努力做事,学有成就?你不爱学习瞧不起老师,你指望孩子渴望知识,尊重老师?孩子是看着家长的背影长大的;每一位成功的孩子都能在父母身上找到优秀的因子;每一位失败的孩子都能在父母身上找到潜在的根源;管教孩子必须父母思想统一、立场一致;关爱孩子必须理性科学,让他感知;教育孩子是一项永不退休的事业。

亲爱的家长朋友:孩子的智商和学习成绩固然重要,但情商和智商同样重要,品德比能力更重要。我认为家长培养孩子主要是六个字:目标、践行、坚持。

首先,家长要不断地学习,明确做一名优秀家长的目标和理念。其次,要勇于践行。只有在践行的过程中，自己和孩子才能在成长中真正受益。最后，是坚持。坚持在平常中，坚持在每个环节，坚持在时时刻刻中。家庭教育的大道理大家都懂，关键是哪位家长能坚持！

期望孩子成才不是说在嘴上想在心上的，要体现在长期行动上。家长朋友们，孩子学业成长的过程，有风有雨还有阳光，我们要坦然面对，没有不变的社会，只有我们对孩子不变的心。

家长朋友们，我们首先需要的是健康的、快乐的、幸福的孩子，然后才是成人的、成才的孩子。学习成绩不是唯一的评价标准，多元看待孩子的成长和未来。上天为每个努力的人都准备了一扇窗户，一定要选择最适合自己的。

家长朋友们，所有事业上的成功都抵不上教育孩子的失败，而教育出一个优秀的孩子，就是对自己后半生幸福的最好投资！

愿我们在家、校、社共育的大环境下，同心同德、携手共进，打造孩子们一个高端的品质，成就我们一个幸福的人生。

浅析美育与育人公益讲座

——名班主任工作室主持人孙洪锐公益讲座

　　《中共中央关于全面深化改革若干重大问题的决定》（简称《决定》）有关教育改革的内容中提道：深化教育领域综合改革；全面贯彻党的教育方针，坚持立德树人，加强社会主义核心价值体系教育，完善中华优秀传统文化教育，形成爱学习、爱劳动、爱祖国活动的有效形式和长效机制，增强学生社会责任感、创新精神、实践能力；强化体育课和课外锻炼，促进青少年身心健康、体魄强健；改进美育教学，提高学生审美和人文素养。《决定》中对德、智、体几方面的要求分别用了"坚持""加强""增强""强化"等动词，这里显然是对德、智、体都给予了充分的肯定，唯独对美育用了"改进美育教学，提高学生审美和人文素养"。"改进"一词，至少表明不完全认同美育现状。所以，三中全会首次将美育列入"重大问题"来进行批评，也说明了中央对美育薄弱所带来的社会风气问题的担忧。习近平总书记在十九大政府报告中用了 27 个"美"，其中多次提到"美好生活""美好未来""美丽的社会主义现代化强国""美丽中国""美丽世界"……这些是鼓励，我们这一代要将建设美丽中国、美好生活的使命扛在肩上。要完成这个使命，首先要解决美育自信的问题。

　　现代著名文学家、艺术家木心先生说："没有审美能力是绝症，知识也救不了。"蔡元培先生曾提出"以美育代宗教"。那么何为美育？为何学？学什么？怎样学？美育的历史脉络、性质范围、核心和现实的教育意义是什么？带着诸多的问题，我于 2017 年 12 月份走进全国第三届美育大会。这也是我有幸第三次参加全国美育会议，每一次在收获饕餮美育盛宴的同时，心灵都会有深深的触动，感觉更是一次心灵提升的盛典。

　　会议的主办单位由全国美育联盟、中国人生科学学会美育研究会、中国音乐家协会音乐教育协会、中国美术家协会美术教育委员会组成，赣南师范大学协办。大会认真学习和贯彻了党的十九大会议精神和习近平总书记的重要讲话精神，呈现了中国美育在近五年来崛起奋发的整体态势，并推出了美育研究的最新理论成果,突出了学校美育的实践性特征和体验性特点,梳理了中国美育的优秀传统文化根脉,探索了中国文化特色的艺术审美、人文审美和践行审美。会议邀请了中国美育界具有世界代表性的专家和教授,共同搭建了中国美育高端、权威、广泛、活跃的学术研究与经验交流平台。

会议邀请了中国美育网总编李田教授,中国音乐学院、教育部艺术教育委员谢嘉幸教授,中国人民大学博导王晓旭教授,西南师范大学博导、政府特殊津贴享受者赵伶俐教授等几十位入会专家,他们的平均年龄虽已近古稀,但还是让在场的所有人深深地感受到了他们本身就是美的化身、大美的使者,是中国美育史上一块块不朽的丰碑。他们在中国美育史上的奉献精神和榜样作用,使每位入会者深感肩上责任重大,内心的使命感油然而生。

一、美育浅析

(一)美育史与人类文明的历史同样悠久

原始社会的巫术同时也是初民的美育手段。中国早在周代就形成了用"六艺"(礼、乐、射、御、书、数)对贵族子弟进行教育的体制。"乐"是诗歌、音乐、舞蹈三位一体的美育课程。"书"是学习书写,除了实用的目的,也包含书法艺术的因素。"射""御"是练习射箭与驾车的技术,在体育和军事训练之中也包含有体态气度的美化训练。"礼"除了统治阶级道德观念的灌输之外,也包括仪表美、行为美、语言美的培育。这之后,无论是两汉的赋,魏晋南北朝的辩谈、书画与雕刻,唐宋的诗词,元明清的戏曲与小说,还是历代的建筑、园林、工艺品,都对人们起着广泛的审美教育作用。在中国近代的民主主义革命中,一些学者和教育家也很重视美育问题,如蔡元培继承中西美育传统主张,曾就美育实施问题大声疾呼,陶行知创办的工学团与育才学校也都十分重视美育。

在西方,雅典教育制度中包括缪斯教育和体育。缪斯是希腊神话中司文艺的女神的名字。缪斯教育是综合性的文学艺术教育,也是智育和美育,它体现了雅典教育制度的一个重要特征,重视人的各方面的和谐发展,是一种德、智、体、美并重的全面教育。在体育中,希腊人重视身体的健美和动作的优美。希腊还有雄辩术,它的主要目标虽是发展智力,但也包含语言美的训练。希腊的教育和美学理论都强调"美德",即美与善的统一。中世纪的欧洲虽然贬低艺术,却仍然利用教堂建筑、教堂音乐、圣像画、宗教雕塑对人们进行审美教育。

文艺复兴以后,人文主义的教育主张是培养"完人",课程中包括智育、美育、德育、体育各种因素,强调音乐与图画对儿童教育的巨大意义,提出了"从游戏的快乐中来学习"的思想。

在18世纪的法国,卢梭主张"自然教育",反对理性的强制。他特别强调触觉在教育中的作用,认为各种游戏和绘画活动对于发展视觉有重大意义;他也要求发展听觉,训练儿童歌唱和欣赏音乐的能力。18世纪末,在德国兴起了狂飙运动,其代表人物歌德、席勒都推崇个性解放,重视人的全面发展。席勒的美育思想有划时代的意义,他在《美育书简》中想要证明解决社会问题的主要途径是审美教育,他把人性的全面和谐发展定为他的审美理想,要通过美育来变革社会,达到人的解放。他说:"道德状态只是从审美状态发展出来,而不能从自然状态发展出来。""想使感性的人成为理性的人,除了首先使他成为审美的人以外,再没有别的途径。""从审美的状态到逻辑的和道德的状态(从美到真理和义务)的步骤,比起从肉体状态到审美状态(从单纯盲目的生命到形式)的步骤要容易不知道多少。"席勒认为,纯粹道德的生活用理性压制感性,使生活拘谨枯燥,而在美的艺术中,感性和理性能在不知不觉中达到融洽。他把理性与感性的这种自由结合状态称为"美的心灵"。按他的看法,审美活动能为人的智力生活提供高尚情操,使人不知不觉地接受道德观念。在他之后,德国的福禄贝尔建立了新型的幼儿教育体制,他是幼儿园的创始人、儿童积木的发明者;英国的罗斯金和莫里斯提倡向青年学生和广大民众普及高尚的艺术品,以力挽现代社会中审美趣味的堕落。以后又有德国艺术教育家朗格和闵斯特伯格,美国美学家门罗和英国美学家里德,相继提倡学校与社会的艺术教育,并进一步开展审美教育理论的研究。在苏联的美学理论与教育理论中,也把审美教育放在重要地位。在当代的欧美各国,审美教育已成为国民教育不可缺少的组成部分。

(二)中国近代美育思潮

19世纪末20世纪初,中国沦为半殖民地半封建社会。许多有识之士为了反对封建专制主义和军阀的腐败政治,纷纷从西方寻求救国的道理,一些教育家、学者接受了席勒的美育思想,也企图从美育中寻求救国、改革社会的途径和方法,形成一股重要的美育思潮。其中最有名的美育观点为梁启超的"趣味教育"、王国维的"完美之教育"、蔡元培的"以美育代宗教"。"以美育代宗教"是一个很笼统的提法,实际上蕴含着全面系统的美育思想,因此蔡元培被称为近代中国美育思想的集大成者。今天,美育进入了一个新的发展时期,重新回忆与探讨蔡元培的美育思想,对于中国美育新征程的开启有非常重要的意义。

"以美育代宗教"所蕴含的美育思想包括美育的性质、美育的目的、美育的独立性、美育的特殊性以及美育的途径。

美育的性质:在西方传统教育中,宗教因含有德育、智育、美育乃至体育的因素,主宰了世俗教育,使教育成了宗教教育的附庸。随着社会的发展,德育、智育和体育都逐渐从宗教教育的束缚中解脱出来,获得了独立的地位。宗教只能以美的因素,像行为庄严的教堂、兴致瑰丽的雕像、壁画、教堂音乐、赞美诗歌等,来影响人民。因此就有了将美育和宗教结合和分离的两种主张。蔡元培是力主以纯粹的美育代宗教的。因为,美育是自由的,宗教是强制的;美育是进步的,宗教是保守的;美育是普及的,宗教是有界的。宗教中的美育手段是为宗教服务的,不能使人产生纯粹的美感,还会影响智育、德育,所以不能以宗教代美育,只能以美育代宗教。这是从理论上坚定了美育的性质。

美育的概念及目的:蔡元培提出:"人人都有感情,但并非都有伟大而高尚的行为,这是由于感情推动力的薄弱。要转弱而为强,转薄而为厚,有待于陶养。陶养的工具,为美的对象;陶养的作用,叫作美育。""美育者,应用美学之理论于教育,以陶养情感为目的者也。"美育可以使人做到自美感之外一无杂念,从而进入造物为友,无人我之分的境界。

美育的独立性:关于美育在整个教育中的地位问题,蔡元培反对把美育作为德育的附庸,主张美育有独立的地位,是与德育、智育、体育并列的。他指出,德育是教育的中心,但德育的实施必须有智育和美育的帮助。

美育的特殊性:与美育的独立性相关联的就是美育的特殊性,其特殊之处就在于它渗透到其他三育之中,无论是德育、智育还是体育,都包含有美育的因素,也可以说美育本身就是所有教育的主体。

美育的途径:蔡元培反对把审美教育等同于艺术教育,他指出,美育比美术教育的范围要广得多,而且,美育与美术教育的作用也不相同,既可用于建筑、雕刻、图画、音乐、文学等艺术手段,也适应于美术馆、影院、园林、公墓、城乡环境布局及个人的言谈举止,即一切审美对象来开展美育实践,从而实现自然美、人文美、社会美、科技美、艺术美,且最终回归于意识形态美、观念美和心灵美。

（三）美育的弥新及展望（学以致用）

一是全面贯彻落实家庭美育、社会美育、学校美育。二是建立完备美育课程体系，确立适中美育目标。三是防止美育泛化，正确处理美育的独特性和融合性。四是接续优秀传统文化根脉，迅速适用并巧妙运用现代化、信息化、智能化手段。在美育落实方面淄博市教育局走在了山东省的前列，成为第三届美育大会的亮点。

二、美育探究

（一）美育的核心及现实教育意义

1. 美育核心

俗话说爱美之心人皆有之，平常人们的衣食住行莫不如此。随着综合国力和人们生活水平的日益提升，人们也会越来越关注生活的质量和水平，对美好生活的理解和追求的不断提升也是必然。美育源自心灵，回归到心灵，从小我们就学五讲四美三热爱，其中四美包括心灵美、语言美、行为美、环境美，当一个人心灵美了，语言、行为和环境自然也就美了，所以美育的核心本质在心灵。

2. 美育意义

马克思说："劳动创造了美；动物按照本能建造，人按照美的规律建造；社会的进步就是人类对美的追求的结晶。"西南师范大学国务院特殊津贴享受者赵伶俐教授提出"同素（分）异构"的美育观点，阐述美育的必要性、重要性及跨界美育的可行性和规律性，其中特别列出了不同课程的相同元素表及其特点和意义，其中包括：数学是由数量和形态二元素及其相互关系构成的；物理是由物质、原子、力、运动、能量五元素及其相互关系构成的；美术是由色彩、造型、材质、内涵四元素及其相互关系构成的；音乐是由节奏、旋律、和声、内涵四元素及其相互关系构成的；舞蹈是由动作、音乐、表情、内涵四元素及其相互关系构成的；历史是由时间、地点、事件、人物、源起、过程、影响七元素及其相互关系构成的；政治是由国家、区域、国际、政府、元首、制度、法律七元素及其相互关系构成的；德育是由人格、人际、行为规范、舆论、爱、责任六元素及其相互关系构成的；化学是由元素、分子、结构、分解、化合、反应式六元素及其相互关系构成的；地理是由地形、地貌、地质、位置、地图、太阳系、宇宙七元素及其相互关系构成的。

李田教授也提出了不同课程所蕴含的美育特点：德育中的"美善相依"

"美善相乐"所蕴含的美,德育过程本身就是立德立美的过程;智育中的自然科学与社会科学内容也无不蕴含着美;数学中数与"诗"与"音乐"相容乃至"数的和谐"所表现的美;语文中人的美、社会美和自然美与语言艺术美构成的美;外语中的韵律、字形和异域文化内容共同表现的美;物理中的宇宙自然现象、物体结构、运动、造型、色彩构筑的美;化学中自然的与实验的各种反应形式、花样和反应式所呈现的美;生物中的各种生命现象包括习性、形象、动作乃至宇宙生态造化的综合美;历史中的人类社会文明和一切人物、风俗、文化、社会等所创造的美;地理中的自然风光、地理形象、地图画面共同创造的美;体育中的健美、运动动作美、人体美、体育艺术美、体育游戏情趣美都体现出一种美。诸育中蕴含的美充分体现了美是一切科学中的固有因素,它们之间是"真善相依""真美相容"的。

赵教授和李教授给我们提供了各学科的基本元素的同时指出:相同事物及学科的元素之间按照和谐、整齐、对称、对比、比例、均衡、运动、奇异、多样统一等美的基本规律及结构法则进行合理构建,不同事物及学科之间也可以从美的本质到基本规律、到社会、到人文、到语言文学、音乐、美术、书法、戏剧、服饰、旅游、生命等进行相互融合和创新。由于它们之间存在千丝万缕的审美关系,所以一并构成了丰富多彩令人身心愉悦的美好世界、美丽中国、美丽乡村、美丽生活。

关于跨界美育的话题有幸和赵教授谈到原来在初中教化学的父亲,他在教学的过程中经常把化合价和周期元素表编成歌曲教给学生,使学生在音乐的熏陶中寓教于乐,许多多年的老学生一直没有忘记,每每谈起还能顺口唱来,津津乐道。赵教授对此非常感兴趣,并特意求了父亲当年的歌唱旋律。这也让我想到了一位教化学的学校同事,在授课的过程中,旁征博引,妙趣横生,言谈举止中无不彰显美育的魅力。2018 年的高考化学也融汇了文学和传统文化的知识。

(二)中国美育的实施依据和载体

党的十八大以来,习近平总书记多次提到道路自信、制度自信、民族自信、文化自信,并提出实现建设富强、民主、文明、美丽的社会主义现代化强国的中国梦。早在 1972 年英国汤恩比博士就提到,要想解决人类的生存问题,唯有中国的儒家学说。同样在 1988 年世界教科文组织会议中,75 位诺贝尔奖获得者联名上书,提出了与汤恩比博士相同的观点,并呼吁国际社会重视并学习中国的儒家思想;四川外国语学院审美文化研究所所长、国际美育学会会员王毅教授在此次美育报告中特别提出:当前世界的美育中心在美国,而美国的美育中心在哈佛大学,哈佛大学美育研究的中心则是中国的孔子和儒家思想。在当前的世界文化体系里孔子学堂多达一千多家,可见儒家思想是中国美育的核心体系。因此,理清中华优秀传统文化脉络,增强文化自信,正确认识孔子和儒家思想,对践行中国美育意义深远。

践行中国美育就要正确认识孔子和理解儒家的道德观念。孔子的成绩很多,除了修订五经,编纂《春秋》,还在很多方面做出了卓越的成就。首先,他提出"有教无类"的教育理念,打破教育只有在奴隶主贵族阶层才能享有的特权,并广设学堂、广收门徒,拥有弟子三千,教出七十二贤人。其次,孔子第一个提出"因材施教"教育理念,并扎实地运用到教育实践中去。如《论语》弟子问孝中,四个不同性格的弟子所获得的答案是不一样的。再次,孔子特别注重"素质教育",重视运用周朝的教育思想和内容,其中内容包括"礼、乐、射、御、书、数"六艺。最后,孔子主张"为政以德",特别重视伦理道德的修习,孔子建构了完整的"德道"思想体系:在个体层面主张"仁、礼"之德性与德行。德道思想体系是以性善论("一阴一阳之谓道,继之者善也,成之者性也")为基础,以立人极("三极之道")为旨归,以人道与天道、地道相会通,人道中庸又适时之变为方法论的完足思想体系,强调"自天子以及庶人皆是以修身为本",并提出"孝"是道德的根本,道德的内容包括"智、仁、勇"三通德,"仁、义、礼、智、信"对应"温、良、恭、俭、让"五盛德和"孝、悌、忠、信、礼、义、廉、耻"八广德。

除此之外,孔子的美学思想核心为"美"和"善"的统一,也是形式与内容的统一。孔子提倡"诗教",即把文学艺术和政治道德结合起来,把文学艺术当作改变社会和政治的手段,陶冶情操的重要方式。孔子认为:一个完人,应该在诗、礼、乐方面修身成性。孔子的美学思想对后世的文艺理论影响巨大。孔子在易学中明确提出了"美在其中""见仁见智"等著名美学命题,认为"阴阳之美、生命之美、自由之美、中和之美可谓是美学之宗"。

三、美育践行

《礼记•中庸》里面讲道:"博学之,审问之,慎思之,明辨之,笃行之",意思是做学问要达到博学多才,就要对学问详细地询问,彻底搞懂,要慎重地思考,要明白地辨别,最终需要切实力行。

《弟子规》里面讲:"不力行但学文,长浮华成何人;但力行不学文,任己见昧理真。"《弟子规》同样提出了学文和力行的重要性。

《论语·学而》里的第一句"学而时习之不亦乐乎",强调的不仅仅是温故而知新,还有学习和践行的问题,并且着重强调要怀着一颗喜悦的心去学习和践行。

事实证明:知识不等于学问,学问不等于文化,文化不等于智慧。但它们之间又有着千丝万缕的联系:用于实践并通过实践检验的知识,会逐渐地转化成学问;当学问经得起历史的沉淀,可穿越时空超越国界的时候,便可称之为文化;而文化适应于时代潮流,并为时代带来精神和价值的时候便化身为智慧。

(一)美育践行之个人成长经历及班主任工作案例

学习美育的关键在于践行。美育践行首先需要自身提升(智):中国古代教育家历来重视封建主义的自我修养。如孔丘强调立志,要求人们"志于道""择善而固执之"。他还提倡"内自省""内自讼",要求人们自觉地改过迁善。《大学》说的"君子必慎其独",也是一种自我修养的功夫。孟轲强调德性涵养要依靠"自得"。他说:"君子深造之以道,欲其自得之也。自得之,则居之安;居之安,则资之深;资之深,则取之左右逢其源。故君子欲其自得之也。"

案例一:正人先正己

【背景】由于笔者有时缺少正确的审美观,还有定力不够,容易受社会负能量的影响,因此时常会感到各种困惑。

【理念】行有不得反求诸己,诸事不顺皆因不孝。正人先正己,"攘外先需安内"。

【过程】认真学习传统文化,诵读经典《弟子规》《孝经》等,反思自己的问题和不足,多找父母的优点和好处,多探望父母,为父母分担各种忧愁,尽量顺着父母,为父母洗脚等,做一些力所能及的事情,用真诚心去爱自己的父母。同时注意反思自己作为儿子、丈夫、父亲、老师、班主任等各种角色,扮演得是否真诚,是否尽心尽力。笔者不断发现自己新的问题,不断修正自己错误的人生观和价值观,努力提升自己的人生境界和格局。

【效果】首先是笔者自己身心受益,和妻子、孩子也越来越亲,家庭越来越和睦,孩子的学习成绩节节攀升,自己的脾气也越来越好了,同事们都赞许我的一些变化。事业上也比较顺利,学生对我的评价都有很大提升。其次,受益的是父母,看到他们儿子的变化,老人家的心情明显大不一样,整天笑呵呵的。

案例二:发扬传统文化,践行传统文化

【背景】从2014年起,笔者作为中国美育协会会员多次参加了全国美育代表大会并参加了北京市"中华优秀传统音乐文化教育论坛及骨干教师高级研修班",期间学习了各种传统音乐文化的继承和发扬问题,并有幸学习了由北京师范大学徐建顺教授讲的"经典吟诵",而"吟诵"这种传统的艺术表现形式在很多学校(包括我们学校)起点很低,甚至是闻所未闻。

【理念】以"吟诵"为载体,让学生们了解中华优秀传统经典文化和传统音乐文化,继承和发扬传统文化,践行传统文化,受益于传统文化。

【过程】首先,笔者精心准备并讲授十三经的《孝经》,让孩子明白"孝"是一个人立身行道做人做事的根;明白"身体发肤,受之父母,不敢毁伤,孝之始也;立身行道,扬名后世,以先父母,孝之终也";同时明白孝敬父母不仅要"养父母之身",还要"养父母之心",更要努力"养父母之志之慧",使我们的父母有一个幸福快乐的晚年生活。其次,给学生讲授"吟诵"的技巧,以辅助于经典吟诵的实践。

【效果】学生们通过传统文化的熏习,尤其通过对《孝经》内容实质的理解背诵和吟诵,并结合自己现实生活中的改变和实践,更深一层体会到了传统文化的魅力及对现实生活的重要性和必要性。笔者和同仁们辅导的学生有幸参加了首届由山东省教育厅举办的经典吟诵大赛,在上千个节目中脱颖而出,最终荣获全省经典吟诵比赛一等奖的优异成绩;编导参与的吟诵《沁园春•雪》荣获全国美育作品评比一等奖和优秀老师指导奖。

案例三:让孩子学会感恩

【背景】2014年,笔者半路接了3+2学前教育大专班,当时班级学习成绩不佳,日常行为量化考核不理想,成绩较差,班级凝聚力较差,同学关系也非常复杂,拉帮结派不团结,打架骂人迟到旷课的事情时有发生。

【理念】家庭是孩子学校教育的开始,学校是家庭教育的延续,美育和德育是教育的目标。"夫孝德之本也,教之所由生也",孝是德育的本质,修复孩子们与父母的关系是美育德育的开始和原点。

【过程】

1. 运用传统文化三不朽(立德、立功、立言)理念赢得孩子信任。

2. 召开公开班会"孝亲尊师感恩生活",使学生理解父母和老师的良苦用心，从内心生起对父母老师的感恩之心。让孩子多找父母的优点，替父母分担家务和农活，为父母洗衣服、洗脚……，多找父母、老师谈心（老师首先要做到经常找学生谈心）。

3. 召开公开班会"让生命充满爱"，使学生理解何为真正的爱，理解爱是对别人的尊重和信任、理解和宽容、奉献和感恩，使孩子们逐渐学会敢于向别人敞开心扉表达爱，面对同学和班集体能乐于付出，甘于奉献。

4. 创设社会环境，走向社会公益事业。笔者带领班级学生多次参加公益爱心活动，让学生学会爱他人、爱社会，学会奉献爱心，关注那些需要帮助的人。

【效果】仅一个学期的传统文化熏陶，班级学习成绩一跃成为级部第一，并连续三年六个学期均获得"学习优胜"和"量化优胜"双优班级，尤其是学习总成绩一直名列前茅。同学们之间也学会了相互帮助、相互体谅、求同存异、精诚团结，整个班级呈现一片欣欣向荣的景象，并被光荣地评为全级部唯一的一个"青岛市级优秀班级"，还被全国"蒲公英公益平台"授予"优秀公益团队"的光荣称号。

案例四：爱出者爱返，福往者福来

【背景】学生朱某某，男，平度南村人，脾气暴躁，性格怪异，人际关系极差，经常顶撞老师、忤逆父母，和父母的关系极差，尤其是和父亲的关系。依仗自己身强力壮欺负同学，迟到、早退、旷课、打架、骂人的事件时有发生，经常纠结社会闲杂人员惹是生非，给班级和学校带来恶劣影响。

【理念】"爱出者爱返，福往者福来"，用爱才能换来爱，而爱是尊重、是信任、是宽容、是理解、是奉献、是感恩、是自利更是利他的，是不附带任何条件、没有任何索取的真诚奉献。

【过程】首先，作为班主任的我要放下对这类孩子的一切偏见，用全身心去接纳他、去爱他。从另一个角度讲，他也是受害者，正是因为这类孩子在成长的过程中因为爱的缺失，才使他们不得不以这种极端的形式来表现出自己的不满和对爱的渴求。当孩子感受到我们的真诚，自然就会向我们敞开心扉。在我们成为朋友的过程中，用心帮助他认识到自己的问题和不足，帮助他在同学之间架起友谊的桥梁，信任他、尊重他，给他锻炼的机会，帮他树立起信心和勇气。同时必须让他意识到父母老师的良苦用心，帮助他生起对父母、老师、同学、朋友的真诚心和感恩心。

【效果】短短的一个学期的时间，朱某某像变了一个人。心态比以前平和了很多，人也变得谦和了很多，不再轻易地发脾气，遇事懂得站在对方的角度考虑问题，大大地改善了和老师、同学之间的关系，能融入集体中，敢于担当，甚至发挥自己的体育、音乐等特长，为班级挣得不少的荣誉。最让人高兴的是和父母的关系发生了很大的变化，父子俩变成了无话不谈的朋友。毕业后，朱某某成为某集团的中层骨干，并和青岛的姑娘喜结连理，过着幸福美满的快乐生活。

美育践行之教学案例：兴于诗，立于礼，成于乐

【背景】教了二十多年的音乐课，多流于形式，传授一些知识技能方面的浅层东西，没有真正地抓住音乐的育人本质，发挥音乐的育人功能，以至于自己没有在专业教学过程中找到乐趣。

【理念】十八届三中全会中提到"改进美育教学，提高学生审美和人文素养"十七字美育改革目标和新的要求。对音乐老师而言，实现新时代的美育目标而努力义不容辞。音乐教学是实现美育的重要载体，《论语》里讲："凡音者生于人心者也，乐者通与伦理者也。"古人在提升学生审美能力和人文素养的手段和过程是"兴于诗，立于礼，成于乐"的过程，正如《孝经》里讲的"移风易俗莫善于与乐"。

【过程】首先，深入了解、阅读、研究有关传统文化和美育之间的关系，找出它们之间在教学实践过程中可行的规律性东西。其次，深层挖掘专业教学中作品的历史性、思想性和观念性，在教学实践中有助于与学生达成心灵之间的沟通，使学生在思想上发生变化，从而更好地实现美育的育人功能。

【效果】很大程度地提升自己的授课热情，同时授课过程中充分调动孩子们学习的积极性，在越来越爱上声乐课的同时，身心感受到艺术的魅力，在提升审美观的过程中人文素养得到很好的熏陶和全方位的提升；所出的市级音乐公开课得到专家的认可，并代表青岛市参加"国创杯"美育说课大赛。

（二）美育教学之社会公益活动案例

2016年开始在平度电台创办国学小课堂，同时开设了"爱心家教"热线，用传统文化的理念帮助那些在家庭教育中迷茫的家长和孩子们迷途知返，解决诸多问题的同时又让他们找回家的温暖。

案例一：家和万事兴，人孝百愿成

【背景】上重点高中学习优秀的高三女学生突然一反乖乖女的常态，对抗

父母,闹绝食,拒绝上学,出现明显的抑郁状态,甚至想跳楼自杀,父母因此几乎崩溃,不惜花重金为孩子到处找心理医生,但收效甚微,孩子一直躲在自己的世界里拒绝见所有人。

【理念】一切有问题孩子的背后,一定有一个有问题的家庭和有问题的父母。"家和万事兴,人孝百愿成",以传统文化顺伦常道德的教育理念去化解矛盾,从内心唤醒家人的良知。

【过程】首先,和孩子的母亲进行了多次的心灵沟通,使其明白母亲在家庭中的重要性,同时帮助其分析问题的根源:从小把孩子丢给老人带,疏于关心和正确引导,以学习的成绩绑架孩子的一切兴趣,加上无端的指责和过高的要求,以及孩子本身的成长特点,还有经常充满战争的家庭氛围,一切不符合教育规律的行为和因素导致了问题的发生。

其次,和他们夫妻俩进行沟通和交流,使他们明白"行有不得反求诸己,己所不欲勿施于人"的道理。引导孩子的父母凡事多从自己身上找原因,放下长辈的架子主动和孩子交心,同时处理好夫妻之间的关系,创造良好的家庭氛围,并深层解决家庭内部矛盾,真正营造一个父慈子孝、长幼有序的家庭秩序,逐渐用自己的实际改变影响和感动孩子。

【效果】经过一段时间的努力和转变,不到一年的时间,孩子走出房间,敞开心扉和父母主动交流,并积极备考最终考上大学。

案例二:尊重认可孩子,静待花开

【背景】又是一个半路辍学的高中生,生活没有方向,学习毫无目的,对自己一切都失去信心,成为标准的宅男,整天宅在家里玩手机上网打游戏,单亲家庭的妈妈整天唉声叹气,束手无策。

【理念】单亲家庭孩子的问题大都是因为爱的缺失,导致自卑、不自信和人格的不完善。解铃还须系铃人,哪里缺就从哪里补。

【过程】首先和孩子的母亲进行深层沟通,让其明白孩子问题的症结所在,并给母亲提出一系列有建树性的意见,比如:降低对孩子的期望,把更多的关注放到孩子当下最关心和最希望的东西上。其次,我亲自和孩子进行了沟通和对话,了解到孩子的兴趣是唱歌,这正是我的专长。我亲自为孩子进行声乐辅导,借此获取孩子的信任,然后慢慢地在授课的过程中让孩子感受到别人对他的尊重和认可,从而逐渐树立起了孩子的自信心。

【效果】经过一段时间的努力，孩子在逐渐得到爱的弥补的同时重树信心，并因此而爱上了音乐，不仅重返校园，而且成为一个积极向上的文艺青年。

孩子们每一次的迷途知返，点滴的进步、改变和提升，无不在提醒自己作为一名光荣人民教师的责任和荣耀。我深知今后的从教路上任重而道远，路漫漫其修远兮，吾将上下而求索，以求真务实的精神，不负党和人民的重托，尽一个教育者的本分，为教育事业奋斗终生。

精美作品的内涵是：多学科，因为有相互关联的逻辑线索（结构方式），构成和谐（美）的统一体；内在结构精致，决定外在形式精美！美是道德纯洁、精神丰富和体魄健全的源泉。美育最重要的任务是教会自己并能影响孩子和他人，能从周围世界的美中看到精神的高尚、善良、真诚，并以此为基础确立自身的美，引导学生净化心灵，养成高尚纯洁的人格，积极追求一切美好的事物。最后祝愿每一位同仁在学习、生活、工作中"精湛于内、炫目于外"，美丽一生！

古语里的班级管理智慧

（邢　赛　山东省平度师范学校）

中国文化博大精深，古人流传至今的至理名言对我们的生活和工作都有很好的指导意义。本文借鉴几句古语，交流自己在班主任工作过程中的几点感悟，有经验有困惑，以期在反思中成长。

一、志同道合，便引其类

所谓志同道合，是指大家怀着共同的理想，为了共同的事业，朝着共同的目标，携手并进，以期获得成功，有所成就。一个新集体的建立，需要让成员们尽快变成"同道中人"，这样大家在今后的相处中就会劲往一处使，团结奋进，否则就会出现"道不同不相为谋"的局面。鉴于此，班主任首先要做的就是和大家一起打造属于我们自己的班级文化，大家集思广益，总结提炼出了我们的班训、设计了班徽、提出了班级目标、制定了班级章程。如此一来，我们有了大家共同认可的班级文化，在今后的学习生活中都有共同的目标信念，形成合力，保证了班级的健康有序发展。

二、威宜先严，恩宜后浓

"威宜先严，恩宜后浓"这句话取自明朝洪应明所著的《菜根谭》，全文是："恩宜自淡而浓，先浓后淡者，人忘其惠；威宜自严而宽，先宽后严者，人怨其酷。"翻译过来就是说："对人施予恩惠应该从淡薄到浓厚，如果开始浓厚而逐渐淡薄，那么人们就容易忘掉你的恩惠；树立威信要先严格而后宽容，如果先宽容而后严格，人们就会怨恨你的冷酷。"这句话在为人处事上很受用，在班级管理上也有很好的指导意义。

刚接手2014级4班的时候，在一些问题的处理上我都是采取"高标准、严要求"的高压态势，比如宿舍内务，每天我都带着相机去查宿舍，发现问题拍下来利用班会时间集中强调，然后利用课间操时间带着总舍长继续去查，不合格的立马喊回宿舍重新整理；还有吃零食、串班等在同学眼里觉得是小事的，我都"大动干戈"，慢慢地他们都意识到了好多问题都是高压线，尽可能地避而远之；"物极必反，器满则倾"，一味的高压肯定会让同学们反感，所以我会在班级聚会或者过节的时候为他们买点小礼物，如此恩威并施，并且注意先后顺序，让他们既有怕头，又有甜头。如果先对他们太松，后面再严的话，会让他们觉得对他们好是应该的，对他们严则成了虚张声势。张弛有度，才能让"威"和"恩"都达到应有的效果。

三、人生在勤，不索何获

这是张衡的名句，意为"人类之所以生存下来就在于勤奋，不勤奋努力去求索，去追求，人生怎么会有所收获"。还记得我们班在军训期间，正赶上有周末两天学校不统一要求跑操，我还是要求我们班同学跟以往一样集合跑操，集合的过程中不出意外同学们都抱怨为什么其他班不用跑，结束后我跟他们讲，认准一件事情就要善始善终，把弦绷紧到最后一刻，军训还没结束，我们就不能放松。在最后的军训会操中我们获得了第一名的成绩，总结的时候我又提道"看到好成绩的时候大家为什么不抱怨过程中的付出了呢？只有我们付出比别人多了，才有资格要求结果比别人好，不然的话，凭什么？"就借助入学第一课的军训我提的这两个观点成了今后我们班在参加各类活动之前进行动员时我必说的话，同学们也在实践中慢慢体会，有成有败，但是在过程中我能看到他们为争取好的结果而做的努力。

一分耕耘一分收获，三年下来，我们班历次期末考试成绩、量化成绩均为年级第一，各类活动比如跑操比赛、趣味运动会、踢毽子跳绳比赛、健身操比赛、合唱比赛、幼儿舞蹈表演等均获得一等奖的成绩。同时我们班还代表学校参加了两次青岛市体质检测抽测，以100%的通过率位居青岛市第一。2017年6月份在金洪善老师的指导下代表学校参加了青岛市社会主义核心价值观合唱比赛。

四、兼听则明，偏信则暗

"兼听则明，偏信则暗"是我们常接触的一句古语，意为"同时听取各方面的意见，才能正确认识事物；只相信单方面的话，必然会犯片面性的错误"。感触最深的是一次运动会报名，当时刚完成班委换届，在组织报名的时候班里出现了起哄、不配合等很不和谐的场面。事后有班委马上跟我说了情况，并指出了谁对谁错，我没有马上找相关当事人进行处理，而是分别给三个同学打了电话进行进一步的了解，基本上每名同学跟我讲述的时候都是站在他自己的视角并且带有明显的倾向性。但是综合这几人的说法我对整个事件有了一个较为全面的了解，然后有针对性地找有关同学谈话很快处理完了本次事件。事后我很庆幸没有听一面之词来进行判断和决定，不然只会让事情的影响进一步发酵和扩大。

反思的过程中我慢慢意识到了"兼听则明，偏信则暗"这句话的重要意义，好多时候班主任经常会找班里同学了解情况，他们的说辞很容易直接促成我们的判断，理想状态下会有效促进我们的班级管理工作，运用不当的话则会严重影响我们班主任在班级同学心中客观公正的形象，阻碍班级的发展。所以我觉得我们应该在自己观察的基础上，拓宽信息渠道。这需要我们对班级每个同学的特点和人际关系情况都有一个大致的了解，整合信息来源，最大可能地保证我们判断和决定的客观公正性。

五、独学而无友，则孤陋而寡闻

这句话出自《礼记·学记》，意思是如果学习中缺乏学友之间的交流切磋，就必然会导致知识狭隘，见识短浅。这句话强调了同学们在学习生活中交流的重要性，我是从以下三个方面践行这句话的。

（一）我与同学间的交流

刚入学的时候我就为班里每位同学准备了一个周记本，让他们可以记录对一周发生的事情的一些看法或者是一些要对我说的话。一个是因为班主任的精力是有限的，时刻关注每个学生的动态或者找每个人谈话在有些时候是不现实的，另一个是因为有些同学当面交流会放不开，写下来就会写得比较全面。通过周记我可以很好地了解写周记同学本身的一些思想和心理状况，了解他们的困惑，还能有效了解班里我不在的时候发生的种种事情。这样就能对班级状态有一个比较全面的把握，及时发现问题。小的困惑可以在周记批语里直接解答，有些问题则需要有针对性地约谈学生了。但是有一条必须强调，就是不能翻看他人周记，否则严惩。

（二）同学与优秀学姐间的交流

我们班有一个"传递优秀，助力成长"的系列活动，先后邀请了高年级的部分优秀学生干部,考录、专升本成功的毕业生以及参加市级比赛获奖的同学,从不同的方面与我们班同学进行互动交流。学生与学生的交流更有直接性和模范性,会让同学们觉得学姐能做到的,那我也可以做到。

(三)同学之间的交流

集体存在的必备条件就是交流,对班级来说比较合适的交流方式就是组织各类活动,我们先后组织了包馄饨、班级元旦晚会(每位同学都上场表演了节目)、班级生日会、班级演讲比赛以及各种类型的素质拓展等活动,在活动中增进认识和了解,增强凝聚力。

时间一晃三年过去了,感触最深的是班主任工作没有一劳永逸的事情,充分认识到班级管理不可能靠简单的重复就能一蹴而就,每个阶段都会有每个阶段的特殊情况,及时有效地处理才能保证班级的正常良性发展。不忘初心,且行且思,我们一直在路上!

落实"立德树人" 创新德育模式

——"三大主题"德育创新案例

（刘奎华 莱西市机械工程学校）

一、背景缘起

党的十八大提出"立德树人"作为我国教育工作的根本任务,把"立德树人"写进我国的教育方针:"坚持教育为社会主义现代化建设服务、为人民服务,把立德树人作为教育的根本任务,全面实施素质教育,培养德智体美全面发展的社会主义建设者和接班人,努力办好人民满意的教育。"十九大报告进一步指出:"建设知识型、技能型、创新型劳动者大军,弘扬劳模精神和工匠精神,营造劳动光荣的社会风尚和精益求精的敬业风气。"由此,"立德树人"在职业教育中显得尤为重要。

中职阶段是人的价值观形成的重要时期,"立德"强调培养学生践行社会主义核心价值观、培养学生良好德行、培养学生公民意识和社会责任;"树人"就是要强调培养崇尚劳动、敬业守信、创新务实的社会主义建设者和接班人。为落实立德树人,莱西市机械工程学校围绕大德育,在常规工作基础上,围绕"堂堂正正做人,扎扎实实学艺",落实"优雅女生,阳光男生"这一德育主题,以德育课程建设为主线,通过构建"行为养成、责任担当、圆梦成才"三大主题教育,实现学生"知与思辨、情与调适、爱与责任、做与习惯、美与追求"的发展。

二、创新举措

学校创设遵循教育规律、学生成长规律的三大主题活动:行为养成主题教育、责任担当主题教育、圆梦成才主题教育,把活动的主动权交给学生,通过引导学生体验高阶思维、高峰体验、高度自主,促进学生思想高度认同、心态高度自信、行为高度负责,实现知情意行统一。

（一）高阶思维唤醒学生思想的高度认同——行为养成主题教育

一是开设学生发展指导课程。对学生进行自主学习指导、学科学法指导、阶段学习指导、注意力训练、记忆力训练、思维力训练等；为学生建立学生成长档案，进行情绪疏导；搭建心理健康教育预警四级防控网络体系，形成危机事件快速反应机制；通过心理沙盘体验、无敌风火轮、众星揽月等团队心理互助体验，以及唱歌法、撕纸法、跑步法等情绪宣泄方法进行一系列心理调适活动。

二是实施主题教育。学校围绕三大德育主题活动，根据三个年级段学生成长主题和目标，编制六个系列教育主题。高一学生成长主题为"自我规范，行为养成"，目标是"做自主规范的人，做团队中的一员"；高二学生成长主题为"自我设计，追梦蓝领"，目标是"做社会需要的自己，做未来需要的现在"；高三学生成长主题为"自我调适，实现梦想"，目标是"做金蓝领，圆大学梦"。

三是加强团队文化建设。学校着力推进小组、班级、级部三大团队文化建设，引入社会主义核心价值观，引入榜样、优秀毕业生梦想文化、企业文化，引发学生价值观思考和方法论探究，唤醒学生对生命价值的认同，对小组、班级、级部、学校、社会的认同，进而实现对社会主义核心价值观、大国工匠、蓝领梦、中国梦的高度认同。

（二）高度自主培养学生行为的高度负责——责任担当主题活动

学校通过建设学校、级部、班级三级联动自管体系，实现学生的自管自治，培养学生的高度责任感。推进"学长制"，创设责任担当体验场，引导学生在高度自主的环境中构建稳定人际模式，实现学生角色定位和责任担当。

一是学生自管体系建构。在学校设立值周班、文明监督岗位；级部层面设立级部学生会、班级日志、级部自管；班级层面建立班委会、团支部，小组合作、班级自管；学生个人的责任体验注重生活自理、行为自律、苦练技能、学习自主、健体自觉、交往自信。

二是学长助力。学校推行"学长制"，开展"学长迎新——送成长贴士""学长论学——经验交流""圆梦工匠——我的实习推介会（圆梦大学——我的大学推介会）"三大活动。

（三）高峰体验激励学生心态的高度自信——圆梦成才主题教育

学校通过青春系列主题德育活动和"缤纷课程"，创设实践反思体验场，实现学生心态的高度自信，让学生在参与、体验、展示、观摩中激发兴趣，提升审美品位,形成良好志趣。一是"青春系列"德育主题活动:高一的"行走吧青春——科技研学活动"、高二的"蓝领青春——技能月度联赛活动""奔跑吧青春——成人礼活动"、高三的"绽放吧青春——毕业典礼"。二是缤纷课程让学生兴趣自由绽放。学校推行了以"缤纷课程"为核心的校本课程和"炫动青春"社团活动,编写了《职业生涯规划》《职业道德与法律》《工匠是怎样炼成的》《礼仪修养》《弟子规》《安全教育》等涉及思想政治、传统美德、文明礼仪、核心价值观、工匠精神的校本教材,根据机械加工类学科的特点以"炫动青春"社团活动,适时进行个性化教育。学生百分之百参加校本课程、社团俱乐部活动、社会实践活动、群体运动项目。

三、创新效果

学校通过三大德育主题活动,为学生搭建展示平台,引发学生高峰体验,让每个学生都能找到自己"心动"的感觉。多年来的扎实推进,取得了显著的成效。

（一）行为养成主题教育,进一步落实了德育目标中的"三有",即有奋发精神、有榜样梦想、有家国情怀,突出了对学生情、意方面的培养

学生发展指导课程使学生自我认知能力、学习能力得以提升,心态更加阳光自信;主题德育活动增强了学生自主发展意识和能力;团队文化建设培养了学生的团队意识与合作能力,使学生进一步懂得担当、学会负责,胸怀理想又能脚踏实地,引发学生对人生的终极思考,进而实现对社会主义核心价值观、大同工匠、中国梦的高度认同。同时还突出学生的体验与技能的掌握,如技能训练中有消防演练与防火安全、野外生存体验与技能。

（二）责任担当主题教育,进一步落实了德育目标中的"三好",即文明礼仪好、生活志趣好、行为习惯好,突出了对学生责任担当方面的培养

通过自管体系建设,学生的主动性、独立性和创造性表征明显,学生的思想品德、行为习惯、意志品质、心理品质获得较好的发展,学生的自主管理、自主活动能力明显增强;学校形成一套系统科学的旨在促进学生自主成长的管理模式,形成成熟的管理经验。"学长制"的推行,让学长支援在机械工程学校学子中代代传递。秋季入学,学长们带领学弟学妹参观校园,介绍学校,传授生活经验;上下级结成共建班级,成绩优异的学长定期为低年级进行专业技能指导和

经验报告;进入高校深造的毕业生回到母校开展"学长助力·圆梦大学——我的高校推介会",进入企业实习的优秀毕业生回到母校开展"学长助力·圆梦金蓝领——我的实习推介会",让在校学生明确了奋斗目标,更感动于学长助力的传承。

（三）圆梦成才主题教育,进一步落实了德育目标中的"三识",即规则意识、担当意识、自省意识,突出对学生认知方面的培养

"行走吧青春——科技研学"活动让学生亲近自然,提高了他们的科技、环保意识和身体素质,也磨砺了学生的坚强意志;"蓝领青春——技能月度联赛活动"活动掀起了学生苦练技能的热潮,提升了学生的团队意识、互助意识、责任意识等;"奔跑吧青春——成人礼"主题活动使学生明确了个体进入成人社会时须具备的公民意识、理性意识、责任意识、逐梦意识、感恩情怀,促进学生心理觉醒,形成积极的人生态度;通过"绽放吧青春——毕业典礼"活动,学生感受了机械工程学校的温暖,升华了对母校的情感。缤纷工程为每一位学生的主动发展搭建了平台,促进了学生的个性发展,学有所获,学有所长。

四、总结思考

学校紧紧围绕"立德树人"教育根本任务,以社会主义核心价值观为灵魂,以课程建设为核心,通过"行为养成主题教育""责任担当主题教育""圆梦成才主题教育"三大主题教育,开设学生发展指导课程、实施主题教育、建设多层面学生自管体系、推进"学长制"、开展青春系列主题德育活动及实施缤纷工程,搭建学生展示平台,设计高端分享活动,引发学生高峰体验,使学生自我认知能力、学习能力得以提升,学生的思想品德、行为习惯、意志品质、心理品质获得较好的发展,同时增强公民意识、理性精神、责任意识、逐梦意识、感恩情怀,促进学生心理觉醒,形成积极的人生态度,落实了机械工程学校"三识（规则意识、担当意识、自省意识）""三有（有奋发精神、有榜样梦想、有家国情怀）""三好（文明礼仪好、生活志趣好、行为习惯好）"九个方面的德育发展目标。

（一）学生素质显著提高

学校先后承办了2015、2019年两届世界休闲体育大会,2017、2018年海氏海诺杯青岛姜山湿地国际马拉松赛,2018年全国机械行业智能制造领域教育教学创新及创新创业大赛,2019年度全国机械行业职业教育技能大赛——

"中望杯"机械识图与CAD创新设计赛项,2019年山东省运会乒乓球赛项,2019年世界休闲体育大会等国际、省市级比赛的学生志愿者服务活动,受到了社会各界的高度评价;成功承办了2018年机械行业智能制造领域教育教学创新及创新创业大赛、2019年度机械行业职业教育技能大赛——"中望杯"机械识图与CAD创新设计赛项的国家级赛项。

学生在学校大德育氛围影响下,涌现出了优秀典型。2016年9月30日晚,我校2016级焊接班王大力同学在莱西市人民广场捡到钱包一只,内有数千元现金、身份证、医疗卡、银行卡、票据等。面对如此大的诱惑,王大力同学却没有动心,在警察的帮助下设法与失主取得联系,最终将钱包交到了失主李女士的手中。李女士感动万分,亲自到学校送来感谢信一封、锦旗一面,向王大力同学、向学校领导表示感谢。

(二)教师能力大幅度提升

徐东老师的《中职学校学生品行与量化管理研究与思考》获第二届LIFE教育创新峰会优秀教育创新案例、《莱西市机械工程学校学生品行与量化管理研究》荣获中国陶行知研究会2018年全国教育教学优秀成果一等奖。近五年,学校涌现出了以贾喜捷、艾茂辉、周龙飞、张勇、曹本伟为代表的全国及青岛市技能大赛辅导名师团队,涌现出了以徐东、艾茂辉、刘奎华、邴杰为代表的教育科研团队,先后有12项课题,分别获国家、省、市立项,其中顺利结题8项。

(三)学校赢得高度的社会评价

近年来,学校获得了首届青岛市中小学信息技术创新与实践活动技术发明创新项目一等奖;获得莱西市"市长杯"足球赛高中男子组三连冠;荣获全国机械行业智能制造领域教育教学创新及创新创业大赛突出贡献单位奖、中国陶行知研究会全国教育教学优秀成果一等奖;荣获山东省中小学电脑制作活动评选类、创客类学校最佳组织奖;荣获青岛市建设节约型学校先进单位、莱西市中小学办学质量考核优秀单位、莱西市教育教学工作先进单位、莱西市五四红旗团委、莱西市第三届应急文化节优秀组织单位、莱西市教育系统信访维稳工作先进单位等荣誉称号。在青岛市职业教育毕业生就业满意率电话调查工作中我校连续三年在青岛市名列前茅,在莱西市排名第一。

班主任管理工作案例

（宋　玮　山东省平度师范学校）

案例一：组织班级活动,凝练班级向心力

【背景】中职学校一年级的学生来自各个区市不同学校,文化背景、受教水平以及家庭教育的不同,导致学生整体水平参差不齐。加之中职学校没有升学压力,学生在这种前提下,很容易被动地接收一些消极的思想意识,导致学习和人生没有明确的方向和定位。无论从哪一方面来看,这对学生的发展都是不利的。所以班主任要从各方面来引导和帮助学生建立良好的学习习惯和健康向上的人生观以及职业观。

古时有孟母三迁的故事,告诉我们环境对一个人的成长有多么大的影响。学生在学校里,除了学校整体的氛围之外,还要注重班级班风的建设,其中定时组织班级活动,是一个凝聚班级团结向心力的好方法。

【理念】通过组织班级活动,能够锻炼班委们的组织能力和团结协调能力。特别是中职学校中,一个班级的班委可以占到班级总人数的三分之一,班委的带头作用和影响力是巨大的。在实际的活动中,除了班委的组织协调能力能够得到锻炼之外,其他同学在活动中也能够加深彼此之间的了解,增强班级的向心力。

【过程】每年的运动会,是班级中比较大型的活动,越是较大型的活动,越能展现班主任的主导思想和班委组织协调能力以及同学们之间的团结凝聚力。例如:运动会开幕式的班级汇报表演、班级的运动会口号、运动员的选拔和训练、投稿、运动员点录参赛、运动员的照顾与服务、啦啦队的口号、场地的清洁维护、课桌椅子的收放等等,在此过程中甚至会出现一些与其他班级的摩擦或者是班级中同学与同学之间的矛盾。如何处理这些问题,是能够体现出一位班主任的职业素养和教育智慧的。记得上一次秋季运动会,是我们班入学以来第一次参加的大型活动,在筹备到结束的整个过程中,出现了许多问题。筹备前期有一个问题来自文艺委员和班长负责的开幕式汇报演出,因为是第一次全校亮相,全班同学都很重视。但在排练过程中,我接到班长的一通电话,原因是大家利用在校时间排练开场舞,要排练了大家总是磨磨蹭蹭,手机不离手,整个过程让文艺委员、舞蹈课代表很生气。在接到电话之后,我并没有立即下结论,而是去了现场看了一下情况。整个过程看下来之后发现了问题所在,那就是文艺委员、舞蹈课代表和班长在排练过程中存在分歧,这使得同学们不得不原地大眼瞪小眼地看她们争论来争论去。后来,我建议她们排练节目时一定先确定好动作,不能改来改去;其他同学要学会换位思考,互相体谅,凡事以班级集体利益为重。

【效果】在面对学生矛盾的时候,班主任的站位是很重要的。因为这是解决一切问题的先决条件。也就是一切要以爱的名义,从爱出发,再回到爱。教会学生学会去爱,全体同学拥有一个共同的目标,才能够凝聚班级的向心力。班委在经历过这件事情之后,对自己的工作方式方法有了新的认识;而其他同学对此也能够学会养成站在对方角度看问题的习惯。总之,我认为在一个班级中不管是怎样的学生,都会对自己的班级有深厚的感情,没有一个学生会希望自己所在班级没有向上的精神,所以班主任就要在此基础上,向善引导,班级的凝聚力和向心力也就会慢慢形成。

案例二:如何培养学生的自律与自强

【班会目的】通过本次班会,使学生能够正视自身的优点与缺点,加强自我管理和要求,给自己设定一定的目标和行为准则,逐渐建立起自强的内心,向上的好学之心,以及严于自律的自我管理准则。

【班会准备】

1. 准备几则关于自律与自强的故事,不限范围。

2. 讲一讲关于自己的自强与自律的故事。

【班会流程】

1. 主持人致辞,班会开始。

2. 认认真真讲故事,关于自律与自强,你都知道哪些名人或周围人的典型代表故事。

3. 学生自由讨论表达观点,学生发表主题学习感想。

4. 起草关于自强自律的守则,签字宣誓,交班主任处。

6. 班主任讲话。

7. 班会结束。

【班会背景】此次班会的召开是在期中考试之后。通过观察，我发现一些同学缺乏对自我的认识和学习规划，导致考试成绩不理想，这不仅仅是表现在一位同学的身上。所以在此基础上，我决定召开此次班会，使学生从思想意识上认识到，这是一个自己无法回避的每天都要面对的问题，只有加强自我认识和管理，并且要有确切的实施步骤和计划才能实现。

【教育心得】班主任的工作就应是充满人性的一种工作，任何一件事情都以学生为中心，做任何决定都不能以自己为主，要能切身实地站在学生的立场考虑，如何更好地引导教育他们。从心理特点上看，这个年龄段的学生已经摆脱了对老师的崇拜、对父母的听从，更多的时候，他们是追求个性，崇尚个性。罗曼·罗兰说过，人的进步是曲折向上的。同样，年轻人的每一次犯错，都是进步的前提。从这个角度看，允许学生犯错，就应是老师对于教育最好的诠释了吧。

案例三：做好家访才能真正做好学生的教育工作

【背景】我相信，每一个勤勤恳恳的教育者背后，都会有一连串的家访记录备案，每一次的家访都是对学生教育的重视和期盼。而每一个学生背后的家庭也往往展现在学生的一言一行中，所以做好家访工作是每一位班主任必须坚持做好的一项重要工作。

【理念】通过家访，我们能够更加深入地了解一个学生的性格优缺点，也能够解释学生各方各面的言语行为，包括在他们身上所出现的问题，都能够在与家长的谈话中有所了解。家访不会迅速解决学生的问题，班主任在心态上一定要正确面对。

【过程】我们班之前有一个男生，可以说是"问题学生"，上课睡觉，顶撞老师，与同学关系不好，打架，逃课等等，是一个让班主任望而却步的学生。每一次的交心谈话，都无法深入下去，于是就到他的家里进行了一次家访。在家访之后的一段时间，我思考了很多。对于这个无法下手的学生，我改正了之前的谈话方法。这次家访，我明白家庭中存在的一些问题，导致了这个孩子现在的这种状态。首先，来我们学校是该生并不情愿的，甚至是被迫的选择，所以这就导致了他在学习上毫无目标与动力，自然上课就会睡觉。其次，他的母亲是一个非常温柔、小心谨慎的人，而他的父亲对孩子则是打骂教育，甚至是棍棒教育,这就导致了孩子在学校无法用正常的方式去交流,也就意味着其他同学对他都有隔阂,一来二去,也就让他变得特立独行,不爱交往。第三,从亲子关系来看,这样的关系导致学生不正确的人生观,对自我的认知存在混乱判断,这也就导致孩子对长辈、对师长缺乏应有的尊重,因为他自己就没有得到基本的尊重。

　　鉴于此,我采取了以下几条措施。第一,通过家访,向家长传达我的意图,也使学生能够了解我的目的,那就是善意的,而非恶意告状的,使学生放下戒备之心,能够与我并肩而站,而不是站到我的对立面。第二,放下教师的身段,以平等的关系与他对话,使他能够感受到尊重和被爱,从而打开心扉,让我了解他内心的真正想法。第三,从班委入手,让他能够接受同学帮他学习,带领他的一日常规活动,起到监督和帮助实施的作用。第四,重鼓励,重表扬,当着同学们的面去鼓励和表扬,让他重拾自信心。第五,慢渗透地谈话,每次一个话题,不多讲。第六,从我自身出发,真正做到重视他,并且使他能够感受到。

　　【效果】一个学期后,这个孩子慢慢有所改变。当然,教育不可能一蹴而就。我相信,今后我会一步一步地帮助这位学生走出阴霾,重拾自我。通过这次家访,我相信,家访起到的效果远比你谈无数次话和无数次批评要来得更加有效。

"问题学生"转化

（张洪敏　青岛平度市职业中等专业学校）

没有规矩，不成方圆，一个好的班级一定是在一个有规有矩的环境中建立和生成的。班级管理人人有责，当代青少年已经都长成为有思想有理想有个性的一代人，因此一味地压制和管制效果都是不好的。怎样让学生学会自我管理，这是我班主任工作的一个重点研究领域。对于自我管理，我从三个方面着手：一是认识自我，二是管理自我，三是影响他人。我将通过几个案例来讲述我促成学生自我管理的理念和实施。

案例一：如何引导学生学会自我管理

曲某，女，高中二年级学生。基本情况：该生乐观活泼，家中排行老大，还有一个弟弟和一个妹妹，学习成绩中等。存在问题：吸烟。

案例分析第一步：何时开始吸烟？为什么要吸烟？父母对此知情吗？同学们对此知情吗？她自己的真实内心感受是什么？

在得知这个学生吸烟之后，我先进行了一个反思：在教育学生不吸烟这个问题上我做过什么？我回想从接班到现在关于吸烟的问题，每次都是例行班会的时候根据领导的要求进行要求和查控布置，我带的这个班是我校第一个五年贯通班，所有同学都是按分录取，无论学习成绩还是个人素养都是比较优异的，并且习惯性地认为吸烟是男学生存在的问题，我们班的女生绝对不会出现这种问题，这也许是我掉以轻心的原因。

后来我找这个学生进行了谈话，她告诉我，她认为吸烟是一个很帅的行为，很好奇吸烟是什么感受，她也见过吸烟的女孩子，她觉得那样很酷。听完她的解释，我心里的大石头算是落下来一半。好奇是孩子的天性，虽然我们的学生已经十几岁，马上接近于成年人，但实际上人总是对那些新鲜事充满了好奇。

师："抽完烟你有什么感觉呢？吸烟的过程中觉得自己很帅吗？"

生："很呛，并不是看到和想象中的那么有趣，其实吸烟不像吹泡泡糖那么好玩。"

师:"既然这个过程并不愉快,为什么你会进行第二次吸烟呢?"

生:"我在想,多练习几次会不会不那么呛了,朋友告诉我吸烟也需要学习。"

师:"在你知道我要找你谈话的时候,你是什么心情?"

生:"我害怕,担心老师批评我。"

师:"为什么会有这样的担心?"

生:"每次开班会您都会讲,我也知道这是违反纪律。"

师:"我想你一定知道吸烟是错误的行为,对吗?只是你只知道这是不遵守纪律的行为,但是并不明白到底为什么不能吸烟,并且我想你的父亲可能吸烟。"

生:"是的,因为我爸爸吸烟,我的烟就是拿了他的,为什么大人可以吸烟?为什么男的可以吸烟?很多电影里也有女生吸烟。老师,我不想让父母知道我吸烟。"

此时此刻,我的心中感到庆幸,因为她愿意跟我交谈,愿意告诉我她的疑惑,我也遇到过很多犯了错误一声不吭的学生,只要学生不回避那就证明这个学生是能够接受老师的帮助的。那些所谓的"朋友"也正是一群需要帮助的人。此时我的脑海中已经有了一个主意,那就是在我和她谈话后我希望她能改变自己并影响她的朋友们。

接下来,我并没有给她讲述吸烟的危害,我对她说:"我可以答应你不告诉父母,但是老师要给你一个任务,周二的主题班会你来组织,制作课件、班会召开都由你来负责,班会的主题就是吸烟的危害。"她答应了,接下来的五天里,她认真地准备,班会之前她把课件给我看了一下,她分别从什么是香烟、香烟的发展历史、吸烟的危害三个方面带领我和同学们认识了香烟,清晰地分析了为什么香烟一直存在、不要吸烟的原因等等,至今那个健康肺和吸烟肺的对比图片还历历在目。这次主题班会取得了非常好的效果,没有提前计划,她在讲完课件后主动地号召班级所有同学拒绝吸烟,从自身做起,回家也要告诉自己的亲人!

我想这就是自我管理的力量,根据我的经验,这个年龄段的学生最讨厌被说教,说教对她们来说就像耳边风,左耳进右耳出,但是这个年龄段的学生又非常地注重个性化,她们渴望成功、渴望被关注、渴望被肯定!尤其是职业院校的学生有更多的这种需求！所以多给她们机会去认识自己、认识社会，去表现自己，获得成功、获得自信，这样她们会沿着成功继续寻找和变成更好的自己！

案例二：班主任放弃控制，走进学生的内心

于某，高中三年级。基本情况：该生比较安静，家中排行老二，还有一个姐姐，学习成绩优异。问题：化妆、成绩下滑严重。

这个学生是班级中英语成绩第一名的学生，连续两年代表学校参加英语竞赛，学习成绩优异，从二年级下学期开始成绩下滑严重，偏科，化妆现象频繁。其实爱美是每个人的天性，我发现无论男生还是女生都爱美，爱美的本质是什么呢？其实越是追求表面美感的学生越想得到外界的关注和认可。做老师这么多年的经验告诉我成绩下滑和化妆一定是有着必然的联系，那么到底为什么要化妆呢？就这个问题我跟她进行了一次谈话。通过交谈我得知，她喜欢化妆是从染发开始，自己的亲姐姐开了一间理发店，二年级的寒假姐姐给她染了头发，因为染发搭配化妆更漂亮，她开始关注化妆，最终热爱化妆。一个短短的寒假让她习惯了每天化妆，并且妆容越来越浓，她将化妆的照片发到了朋友圈，得到了非常多的关注，这比英语比赛拿奖的她所期待的关注更多，以至于她觉得学习好其实也没什么，相比之下让自己漂亮更让她感到充实和快乐。虽然这违反班规校纪，但她无法控制自己。

经过这次谈话我开始反思自己的班级管理模式，一直以来我对学生们严格要求，以至于学生们学会了人前一套背后一套，最夸张的是我班曾经有个女生，化好妆到班，估摸着我要到班里去了就擦掉最明显的口红眉毛，等我一离开教室迅速补妆，快下课的时候知道我会再次进班她就赶紧再次卸妆，好像不化妆是为我而做。她并不理解为什么学校和班级会列出在校期间不能化妆这样的要求，只是盲目地像猫捉老鼠般地和我做着躲猫猫的游戏。而实际上猫捉老鼠是为了生存填饱肚子，而学生对我的逃避是没有意义的。因此，我想还是让同学们去了解化妆，正确地对待化妆才能解决这个问题。因为班里爱化妆的姑娘并不是这一个两个，并且说实话她们经常画着不适宜的妆容，原本化妆是为了美，可是这帮学生盲目地模仿，着实不美。

于是在一个周日的晚上，我利用晚自习时间请来了一位化妆师朋友，请她给我们的学生讲解什么是化妆、什么场合需要化妆、怎样画一个日常妆。我发现学生们听得十分认真，甚至还做起了笔记。很快，两节课的时间过去了，很多姑娘没听够,我让她们互留了联系方式,还有问题的私下交流。我以为,上完这堂课,学生们就能明白了,在不同的场合需要不同的妆容。没想到的是,班级里有几名特别爱化妆的学生认为老师讲得太简单了,简直跟没化妆一样,这是出乎我意料的。虽然大部分学生都很认可,但是仍然有不认可的,那就证明问题没有解决。于是我再次找到这位同学继续做了深入的交流。

师:"上完这堂化妆课你有什么收获吗?"

生:"挺好的。"

她简单的回答让我觉察到她并不想和我有深入的交流,她有些排斥,用了很敷衍的态度。于是我转变了话题。

师:"你都用哪些牌子的化妆品呢?从哪里买的呢?父母支持吗?会单独给你购买化妆品的零花钱吗?"

生:"化妆品的钱是姐姐给的,妈妈不太关注我是否化妆,我喜欢某某品牌的化妆品……"(此时我知道我成功了,只要她愿意和我交流,我们才能走进彼此的内心)

师:"你是怎么知道这些化妆品的功效的呢?"

生:"抖音啊、快手都有,很简单的,各种教程。"

师:"那你觉得她们教的都好看吗?都实用吗?她们介绍的化妆品一定好用吗?"

生:"虽然我知道很多人是为了卖化妆品,但是有一部分是很好用的,当然也有不好用的。"

师:"那你觉得化妆之后让你最高兴的是什么?"

生:"我会很有自信,我觉得化了妆就会好看。"

师:"这个好看是跟自己比较还是跟别人比较?"

生:"跟没化妆的自己比较,也跟没化妆的同学比较。"

师:"你会瞧不起那些没化妆的同学吗?"

生:"不会的,但是和我好朋友在一起的时候我会想告诉她眉毛怎么画好看,加个卧蚕,鼻梁架高……"

师:"什么是卧蚕?"

生:"……其实有的同学不化妆也好看,我只是觉得修饰之后更好看。以前都躲着您,怕挨批评,没想到您能找专业的老师教我们,但是我觉得她讲的日常妆太简单了,我喜欢浓一点的妆,复杂一点的……"

终于她向我打开了心扉,而我也抓住她的心理,违反纪律并不是她的本意,她只是无法控制自己想让自己变美的想法,并且选择了一个并不是很正确的方法。针对这个现象我再次跟她进行了沟通,在班级里我也针对学习好的学生搞了一系列学霸领学活动,让学生体会到学习好的好处和因此带来的成就感,也在班里带动起一股学习的热潮。让学生从身心上忽略对表面的追求,重视内在的自我成长!真是一个两全其美的好办法!

我也终于明白了作为班主任我能做的不是揪出和指正学生的错误,而是和她们一起发现问题认识问题并解决问题。教育的成效得有一个过程,面对每一个学生的每一个问题一定要静待花开,切不可追求立竿见影的效果。放弃控制,邀请学生和自己一起进行班级管理和自我管理,将是非常有成效的一个方法。

案例三:学会感恩

这几年的带班经历让我有一个非常深刻的感受就是学生们越来越不懂得感恩,认为父母、老师为他们所做的一切都是理所应当的。这个不感恩不仅仅是不对老师感恩,也包括父母,更不用说感恩社会。我深知一个没有感恩之心的学生对未来是没有追求也没有奉献和爱的,我也知道不会感恩的学生不是学生自己的问题,为此我决定展开系列主题班会,让学生开始找回感恩的心,最主要的是建立起一个正确的人生观,找到自己的人生目标。

组织班会:

我想首先明确一下为什么我们要开班会,通常我的主题班会目的有以下几个方面:一是向别人致谢;二是互相帮助;三是解决问题;四是筹划班级活动。

事情的起因是班级里源源不断出现小纠纷。我担任学前教育专业的班主任时,一直带的都是女生,因此每天都要判各种"官司"。我总结了一下,纠纷的原因多数都是鸡毛蒜皮的小事,学生们以自我为中心的现象严重,因此我决定召开感恩系列主题班会,希望学生们更多地去理解别人,发现别人的优点,而不是事事比较,斤斤计较。我优化了班会模式,从以往的批评说教变成了现在的新模式。每次班会第一件事情就是感恩的心环节,要学生们通过头脑风暴列举出各方面的感谢事例,事例要具体(我教她们这样表达:我想要感谢某同学做的某件事)。作为班主任可以先给出示范,向学生们致谢(从自己当天注意到孩子们值得致谢的事情中选几个),确保每次向不同的学生致谢,做到全班同学一个也不落。

在第一次班会上，要让每个学生至少向一个同学致谢，以确保她们都能学会怎么致谢。如果哪个学生有困难，老师可以帮助。这种致谢过程的另一个重要部分是让受到感谢的同学明白也要感恩其他人，也要说一句"谢谢你"。

刚开始的几次班会，仅仅向同学致谢这一项，就已经在班里形成了一种积极的氛围，学生们喜欢上了寻找、给予和接受致谢，这个时候一个良好班风的基础就有了。

接下来是解决问题，每个班主任都会遇到各种各样大大小小的问题。在尝试解决任何问题以前，首先要教会学生们专注于问题的解决方案。开始的时候同学们并不能很好地解决问题，这也正是为什么我们要组织学习的地方。首先请同学们思考，如果没有人为干预，下列情形的后果是什么？

如果你站到雨中会怎样？（会被淋湿）如果你不睡觉会怎样？（会很疲倦）如果你不吃饭会怎样？（会肚子饿）

每个周将问题写到班级留言本上，每次班会同学们自行讨论如何解决问题。通常，帮助学生们学习的最好的方式就是让她们体验自然后果。如果老师要介入，最好用启发式的问题帮助学生探讨她们的选择所带来的后果。在集体讨论的环节很多同学会把惩罚称为自然逻辑后果，以往我们处理问题的方式是让扣分或者犯了错误的同学打扫同学们最不爱打扫的地方作为惩罚，现在我们来反思一下，扣分和打扫最不爱打扫的卫生区之间有什么关系呢？是不是打扫了最难打扫的卫生区后，引发扣分的同学会认识到错误并且改正错误呢？结果是一目了然的：并不能。所以其实长期以来这都是个无效的处理方法，惩罚只能让犯错的同学暂时不犯错，但并不能发自内心地了解到错误和纠正错误。因此，我和同学们一起学习怎么正确有效地解决问题，而不是专注于惩罚。

惩罚只能让问题看起来被解决，只是表面和暂时的，实际上并没有从根本上解决问题。虽然这是许多老师和家长最习惯和认为最有效的对待错误和解决矛盾的方法，后来还是不断地有人在犯错误、扣分、出问题，所以我们必须找到一个切实有效的办法，真正地解决问题。也正是因为在这个思路的引领下，我发现想要解决问题首先是认识问题，犯了错误该怎么办呢？首先是认识错误，如果我们把错误当成一种负担、耻辱、不堪，那么我们很难正视错误，我们会下意识地回避和逃避，这也是为什么那么多的学生选择在错误面前撒谎。撒谎其实就是一种逃避，正是因为对错误有错误的理解，我们解决错误的方法也应换一种思路。失败乃成功之母，如果我们能把每一次犯错看作是成功的基石，不再逃避，能够正视错误，找到犯错的原因，不再纠结于犯错后的代价（犯错后会受到的惩罚），从而改正错误并且告诉自己离成功又近了一步，那么错误才会真正地被解决，我想这也是错误存在的意义！

世界上所有的事物都是双刃剑，有利必有弊，因此让我们从正视错误开始，打开解决问题的良好开端，让班级内的各种矛盾都被解决，从而走上一个良性循环。

在班级管理中，打好管理的基础是首要任务，塑造良好的班风，并让学生学会自我管理，那么解决问题也是水到渠成的事情，班主任便不再需要日日做"法官"了，因为孩子们自己都会成为最公正和最有智慧的"法官"。

当然以上见解是在一个颇于理想化的状态，很多班主任在遇到问题时并不能有效地解决，因为我们已经习惯了用惩罚对待错误，学生们也是，那么接下来我要分享的是第二点，使用冷静期。我们需要向学生们解释，为什么人在生气的时候不能解决问题。因为人在生气的时候会失去理性，而且不愿意听取别人的建议。我们在遇到问题时最难控制的其实是我们的情绪，有时候坏情绪会引发比之前错误更严重的后果。因此，在生气的时候必须要给彼此一个冷静期，冷静过后情绪处于平静状态时，才能以尊重的态度解决问题。

于是在借鉴了他人的做法的前提下，我总结了如下的班会流程。

中心思想：放弃控制，邀请孩子合作。

班主任：做出榜样，启发式提问，要为一些问题承担起责任，要客观，不要评判，寻找每个行为背后的积极意图。

班会的议程：围成圆圈或者采用舒适的有利于集中注意力的坐法；从致谢开始；宣读议程上的一个问题；如果问题还没有解决，把每条建议都原汁原味地写下来；宣读所有的建议，由问题涉及的学生选择一条最有帮助的建议；让做出选择的学生自行决定何时开始执行自己选定的建议。

这个步骤是我借鉴来的，并不是我创造的，但是，我觉得非常有效实用。它可以根据每一位老师自己的认知进行加工和改造。其实一次次班会的召开，一个个问题的解决，最关键的一点就是要了解学生，走入学生的内心世界，而不是以我们的想法来揣摩学生。

在老师的态度和技巧里我想特别讲解一点：放弃控制，邀请合作。众所周知，我们的教育对象是一个个鲜活的人，他们正在生长发育，他们有自己的认知和思想，因此控制对方绝对不是我们的最终目的，这一点在家庭教育上也同样有效。许多家长会不断地倾诉自己的孩子有多么不听话，请问家长们想让孩子听的那些"话"是孩子真正该遵从的，还是仅仅是家长们习惯性地对孩子的控制呢？因此教育绝对不是权力之争，其实有一类孩子犯错就是为了权力的争夺，大人想控制孩子，而孩子想证明自己是无法被控制的。因此矛盾产生了，亲子关系恶化了。如果师生间也发生这类问题，那么师生关系也将会恶化。只有我们做老师和做父母的先做好的表率和榜样，能够真正地理解和尊重孩子，他们才会与我们合作，才会愿意接受我们的教育建议，如果他们不理解，那一切都是徒劳的。

用写家庭作业为例子，妈妈为了孩子好不断地要求孩子学习写作业，而孩子却认为写作业就是为了让妈妈高兴，完成妈妈的任务。为什么我们不能试图找到一个办法让孩子理解、去激发他的学习动机呢？其实在教育心理学中，学习需要激发孩子的内部动机，这个动力才是充足的，一直靠外部驱动力是不能持久的。班主任和父母有很相似的一点，就是我们需要教会孩子理解他正在做什么和他需要做什么，而不是一味地告诉他们该做什么。

以上就是我的一些关于班会召开的做法，很多环节都需要我们不断地尝试和努力，并不是按照这个步骤来就一定能取得多么好的效果。教育的特点就在此，慢慢地渗透和影响我们的学生，不是控制和管束，最终会达到互相理解不断提升的结果。

案例四：做班主任的误区

我是个很喜欢学生也很喜欢当老师的人，尤其喜欢当班主任。我喜欢和学生们"斗智斗勇"，喜欢和学生们经历酸甜苦辣，经历胜利和失败，经历艰辛和困苦，享受甜蜜和喜悦。在我第一次当班主任的时候，我面对着一群可爱的姑娘，我告诉自己要当一个好老师、好班主任。其实那个时候并不理解好班主任的定义，也是在那个时候我已经成为一名母亲，于是我把这群孩子当亲生孩子对待，事无巨细，无微不至。

一个学期结束的时候，班里出现了一个很棘手的问题，就是班长被质疑。通过这个问题还牵扯出了一连串大大小小的问题，第二个学期我开始整改，效果很差,我感到很疲惫,很无力,每天都要处理各种班级矛盾,一点幸福感都没有。一波未平一波又起,接二连三地接到投诉班长的问题。我来讲讲我的班长是怎样的一个姑娘。她很热心,对班级事务非常积极,刚刚接手这个班级的时候其实发生了很尴尬的一幕,就是班级里只有一名特别不遵守纪律的学生竞选班长,没人愿意做班长,因为谁都不爱操心,不爱出力。刚开始我想,新班级刚组成,这很正常,要增加班级的凝聚力还需要我努力。

就这样我们度过了没有班长的半个月,后来通过军训我发现小 A 很关心同学,对班里的事务非常积极,也很上心,于是我跟她进行了谈话,她接受我的提议,当起班长。在我心中,她一直都是个尽职尽责的班长,没想到一下子收到这么多投诉,我有点懵。接到投诉后我做了详细的调查,发现被投诉的事情基本属实,虽然有被夸张的成分。比如,班长上自习课维持纪律后自己又和同桌讲话;比如,班级规定不准化妆,班长就画眉毛(因为她是走读生,中午、晚上都回家,因此有一部分时间她是不在校内的);再比如,班级内不能吃零食,可是班长自己吃零食等等。这一切让我措手不及。因为一直以来班长在处理班级事务时都做得不错,高效负责。可是没想到她不够自律,后来竟然有同学说她仗着我对她的信任才敢这么做,错误一下子延伸到了我的身上,于是我决定找她谈谈。在知道这一切的时候我非常生气,那个时候还没有学会先处理自己的情绪后再处理问题,因此这个问题我处理得很失败。当时的我很伤心,带着情绪找她谈了话,她对自己犯的错误很坦诚,但是我却因为自己的伤心和生气狠狠地批评了她,并且警告她立刻改正,否则撤销班长的职务。

断断续续的事情一直延续到第二学期,最终我没能通过训斥和惩罚让我的班长变得越来越优秀,后来我迎来了我的第二任班长,现在回想起来这件事情处理得非常糟糕。本来小 A 是一个非常热心也非常积极的学生,在这件事情之后,她开始消极,对待各个任课老师的态度都很消极,再也不关心班级的事务,参加各种活动都不积极。起初我还隔三岔五地批评她,没想到效果越来越差,我自己也很郁闷。因为她是班长的缘故,我们的接触比其他同学都要多,我经常像妈妈般地关怀和教育她,因为撤销班长一事,我们之间的关系也变得很差。正在此时,她又遇到了父母离婚,一系列的事情让事态愈演愈烈。我自己也觉得在班主任工作里苍白无力,班级没有凝聚力,新班长是赶鸭子上架,一切都要从头开始。

就在学期即将结束的时候，我遇到了一位前辈，一位很有经验的班主任。我向她求助，告诉她我的困惑。她告诉我，学生的错误一定是从老师开始的，她让我回来反思，为什么班长的小问题我没有发现？为什么会有人质疑班长？为什么班级就是凝聚不起来？为什么出了那么多力学生们好像不爱自己而只是在需要的时候来找自己？一系列问题让我做了深刻的反思。我逐渐意识到，因为我把她们当成了孩子，把自己当成了妈妈，我虽然无微不至地关爱着她们，担心她们想家，担心她们吃不好睡不好，担心她们之间矛盾处理不好，担心……但是学生需要的不是妈妈，她们需要的是能引导教育她们解决困难、改正错误、走向成功的老师。

原来老师的工作不仅仅是爱学生管理学生，这个爱应该是充满智慧的理性的，这个管理应该是引领学生们走向成熟和成功的，并不是我的那种方式。我好像一下子开窍了，开始反思自己，阅读各种书籍，查阅资料，向老班主任们请教，终于我悟出了做班主任的道理，也明白了当老师绝对不是当妈妈！于是我再次找小A谈话，这一次，我像个真正的老师，我和她一起分析了发生这一切的原因，后来她意识到虽然我批评了她，虽然班长的职务被撤销了，但其实她有很多优秀的方面，班里还是有很多同学喜欢她，哪怕那些向老师反映情况的同学也不是因为讨厌她，只是因为她缺乏自律，缺乏在学习上的吃苦耐劳。她自己说以后要在纪律上自律，在学习上下功夫，重新做回那个优秀的自己，重新走向班干部的岗位。后来她成了我们班的副班长，和班长一起打理着班里的一切，一直到现在四年级了，非常和谐，还在市技能大赛中拿了奖。

这次的换班长风波在我的心里一直是铭记的一课，它让我明白了班主任工作方法一定要对，班长的人选是非常重要的，要客观地去对待班级事务，绝不能感情用事，更不能怀着母亲般的心去当班主任。"师者，所以传道受业解惑也。"这句话真是讲出了做老师的精髓！从此以后在班级管理上我有了自己的一套思路，班级氛围越来越好，班风正，凝聚力也很棒，任课老师都一致赞扬我们班。在这次疫情捐款时，团支书自发地组织同学们捐款，少到几十块多到上百，学生们的奉献精神和团结令我感到欣慰。看着日趋成熟的班干部们，我也感谢曾经犯错的学生，如果不是她们我也看不到我自己的问题，工作干得很辛苦还没有成效。现在班主任工作越来越得心应手，我也更能感觉到学生对我的亲近和敬爱。一个正确的方法是做好做成一件事情的重要开始。

案例五：班干部的选拔

说到班级管理，得力的班干部太重要了。上一个案例里我讲到了我的第一任班长失败的例子，在这个案例的基础上，选择第二任班长的时候我非常谨慎。我明白这一任班长决定着班级今后的发展趋势，班长选好了班级会更快地走向一个良性状态，若班长选不好，还会重蹈覆辙。我也说过，开始的时候我们班有个特别不遵守纪律的学生想当班长，后来随着相处，我知道这个学生是个行侠仗义但是缺乏自律的学生，她喜欢当班长因为她善良，愿意帮助别人。我不能选她是因为她有着许多错误的认知并且不能自律。在这种情形下，我开始寻找新班长人选。这一次我找到了一个非常安稳的姑娘，相比上一任班长，她没有那么犀利，没有那么多个性，她很慢节奏并且有点胆怯。选择她是因为我觉得她能让班级和平，在顾及上一任班长感受的前提下，在经历了一次风风火火的失败之后，我想班长一定要是一个能统筹大局的学生。带着这个想法我重新挑选了班长，也借机重新选择了所有的班干部。

这次选择班干部的时候，我更加注重它的功能性。最初选择班干部时，我想着锻炼一部分同学，让她们通过锻炼能够改变自身的一些缺点。慢慢地我才明白，一个好的班级环境才能让班里的每一位同学都受益。于是在这一次班干部竞选名单里，我按照职位需求选择了合适的人选，选择了一名安稳的班长，一名有活力、有带动性的团支书，一名认真、严谨、成绩好、耐性强的学习委员，一名做事干练、铁面无私的纪律委员，一名性格开朗的总舍长，一名吃苦耐劳、有干劲、有韧性的卫生委员和一名谨慎认真的生活委员。就这样新的班干部产生了！我们从刚开学时班干部成员不知道自己该干什么到现在每周一次的自主班干部会议，同学们按照我的班会模式把班干部会议召开得有模有样，效率极高！

接下来我想讲讲我的第二任班长。班干部竞选之前，我找她谈了话，她很忐忑，担心自己当不好班长，最担心她管不好这个班。我笑着对她说，曾经我以为班级管理就是老师和班长该做的事儿，现在我懂了，教会同学们自我管理，比任何监督惩罚都有效；我们要一起相处五年，这将是人生中最绚丽的五年；一年级即将结束，在未来的四年里，我希望我们班越来越好，除了班主任，还有一个人特别重要，那就是班长。前一任班长出了问题，是老师的责任，不是小A的错，老师没有教会她怎样做一个班长；现在小A已经开始改变自己，而我们班需要一个包容性很强的班长，我觉得你很适合，而我会和你一起努力，我会协助你当好班长，同时更需要你协助我咱们一起为了更好的咱们班而付出和努力。

从未当过班长的小T很纠结很犹豫，我跟她谈了很多，最终她说回去思考一下。幸运的是我的那句"我愿意和你一起学习，你当一个好班长，我当一个好班主任"打动了她，她同意了。开始的时候并不顺利，小T本身是个性子很慢的人，很多事情她不知道怎么去做，也没有想法。在我发现这个问题时，及时地找她沟通，跟她一起学习怎么当班长，手把手地教她班长有哪些职责，怎样协调各个班干部之间的工作和冲突，及时地掌握班级的动向，及时地与我沟通和交流。我们更注重发现班级里的问题，注重解决问题和自我的提升，不再专注于谁犯了错误，怎样惩罚。慢慢地她开始知道班长要做什么了。

我很欣慰，班级风气越来越好，学生们学会了感恩，学会了解决在学校的学习和生活中遇到的大大小小的事务，二年级第二学期开始，再也没出现过谁的卫生区大谁的卫生区小、谁干活多谁干活少、放弃参加集体活动等问题，我们班也是全专业部零改校服率的班级，是上课纪律自习纪律宿舍午晚睡纪律都非常好的一个班级。直到现在，我都感激我的第一任班长，她的问题让我反思，让我找到做班主任的正确方法，那就是放下感性，理智地爱学生，放下情绪和惩罚，科学地引导学生进行自我管理和解决问题。这样班主任轻松，学生们也能更好地成长！班干部选对人对一个班级的管理来说十分重要，抓住学生的特长，善于用人也是班主任的一项重要技能。故事还有很多，在此，我很想感谢我的每一位学生，谢谢你们的出现，让我的教育理念有了实施之地，让我能看清楚自己的不足，让我不断地成长和进步！

班级管理案例

（于 帅 青岛平度市职业中等专业学校）

案例一：破解"迟到"的难题

【背景】刘某是我班上的一位女生，平时爱打扮，不爱学习，成绩较差。家庭条件优越的她，有个最大的毛病就是对上学不感兴趣、无所谓，想来就来，不想来就请假说身体不舒服，如肚子痛等，迟到更是家常便饭，而且又喜爱上网。针对这样的学生，如何做好思想工作，让她认识问题，逐步改正缺点，重拾学习信心呢？

【过程】刘某一直以来是迟到、旷课较多，想来就来，不想来就不来，不求上进。为此我专门找她谈话多次，谈话后能好一段时间，之后老毛病又犯了。我找了一些班干部接近她、帮助她。另外，我还和班长一起到了她家里进行了家访，跟她的父母进行了交流。我们了解到她较懒，所交的朋友也是不求上进的同学。于是，我又找她谈话，她自己推说迟到主要是因为不记得起床，于是我就说："既然你是不记得起床，那我每天早上打个电话给你吧。"于是我坚持早上到了上学时间就打电话给她、提醒她，这样又过了一个星期，她终于说："老师，你不要打电话了，我会记得早点起床了，不迟到了。"果然在之后一段时间里她就没有迟到了，但偶尔还是有旷课、上网吧现象，学习方面也没什么进步。为了更好地教育全班同学戒去网瘾，珍惜学习机会，后来我又组织同学们观看湖南卫视的电视节目《变形记》第四季中的《爱在远山》。

《变形记》这档节目是将两个经济条件相差悬殊的家庭的孩子互换生活，让他们亲身体验与原来不同的生活。《爱在远山》中两个互换的孩子分别是14岁的西安男孩高泽治和贵州山区少年罗先旺。高泽治的父母整天忙于事业，无暇顾及教育孩子，以至于高泽治沉湎网络，荒废学业。而身在穷乡僻壤的罗先旺，父母外出打工，小小的年纪就挑起了家庭生活的重担。两个孩子交换生活空间后，不仅亲历了与原来完全不同的生活，内心也得到震撼和洗礼。最让人难忘的还是高泽治的经历及变化。那个贫穷落后的山村、那个满脸皱纹的奶奶和那个不到五岁就上山砍柴、放牛的小姑娘四银也让同学们想起了自己的童年时光。当看到不到五岁就上山砍柴的四银,高泽冶为自己整日沉湎网络而懊悔;当看到奶奶给自己被蚊虫叮咬的身体抹药,高泽冶感受到的是很久不曾有过的关爱;当看到罗先旺的同学连五角钱的菜都舍不得吃的时候,高泽冶真正理解了钱来得不易。

《变形记》让同学们看到了自身的不足,也让大家感到要珍惜现在的这么好的学习机会,不辜负老师、父母的期望。有同学就提到我们在家里都是父母的宝贝,我们要承担应有的责任,要远离网吧、要有上进心、认真学习并取得好成绩,这样才能让自己家里人有好心情、和谐快乐。经过一系列的工作,刘某有了明显的进步。

【反思】育人是一件很困难的事,特别是要改变一个人长期以来形成的坏习惯,更要有足够的耐心和打"持久战"的思想准备,因为不可能通过几次谈话就能解决问题,在教育过程中学生很容易产生反复,也是很正常的。我觉得一方面要关心爱护学生,尽管有时学生明明是在说谎,也可因势利导,借机让学生看到老师的真诚。另一方面要采取多种形式、多种渠道,特别是学生喜欢观看的电视节目之类,让学生从中受到教育。此外,还要多采取同学之间互相教育、自主认识错误的方式,才能取得较好的效果。

案例二:沟通宜细雨润无声

【背景】班上有个学生被大家称作"犯错积极分子",迟到是经常的事情,上课睡觉,下课吵闹,有时还要和老师顶嘴,导致老师们都很头疼。

【过程】我想这样下去他必定会成为"钉子户",是任何人都不想看到的。于是我找他深谈了一次,告诉他:"老师相信你跟别人一样是好学生,只是没有把握好自己,没有找准自己的目标,老师会跟你一起找回原来的你。"听了我这番话开始他并不以为然,但随着谈话的跟进,我了解到,原来他中学并不是这样的,但是由于那时候一时发挥不好,导致失去了上高中的机会,有点自暴自弃的态度。所以我从他现在所学专业角度为他分析问题,慢慢地他开始转变了,说话也不像开始那么冲了。于是我抓住机会和他私下说了个协议,要他好好努力,先从改正迟到问题着手。渐渐地,他迟到少了,惹事少了,作业也能及时完成,班级里的事爱帮忙了,劳动积极了。更使人意想不到的是,这次上岗证考试中,他竟然过了。由此可见,学生都是一样的,没有好学生与差学生之分,只有做或不做之分。

　　【反思】教师教育的对象是人，而且是人群中最年轻、最有朝气、最易接受新事物、最富有情感和独特个性的群体——青少年，而我们作为中职教师面对的是曾经在中考失意的学生，我们的首要任务是让这些学生恢复自信，不可以随便说"差生"之类的话语。教师职业的这种特殊性，决定了教师必须信任和热爱自己的教育对象——学生。无论教育环境和教育对象如何变化，在德育过程中的褒扬或者批评乃至惩戒的基点都离不开信任，否则都会从一个误区走进另一个误区。教师只有信任和热爱学生，沟通师生之间的感情，才可以架起师生之间相互信任的桥梁。苏联教育家苏霍姆林斯基说："教育技巧的全部奥秘在于如何爱护学生。"教师的信任会使学生产生一种幸福感和自豪感，就会对教师产生一种亲近感，从而缩短师生间的距离，有利于德育工作的开展。可见，教师对学生的关心和信任，是对学生心理上的一种安慰，是推动学生前进的动力。

　　另外，教师也只有获得了学生的信任，学生才会把教师当成可以信赖的人，消除心理障碍，敞开心灵的大门，才会及时如实地向教师反馈教育教学效果和意见，倾吐自己内心深处的秘密。这时，教师就能深入准确地了解学生，有针对性地教育学生，学生就能愉快地接受教师的教育。在这和谐一致的师生关系中，学生就会把教师的褒扬看作是鼓励，把批评甚至适度的惩戒当作爱护，这种和谐信任的师生关系会成为学生积极进取的动力。假如师生之间失去了信任的基石，学生就会把褒扬看成是"哄人"，把批评或惩戒看成是"整人"。在这种关系中，褒扬和批评就会成为教育的障碍。由于青少年儿童的行为在很大程度上都是以他们的感情为转移的，往往不能用理智支配感情，而是以感情代替理智。在这种情况下，被批评或惩戒的学生如果心理没有及时得到疏导，就很容易产生一些过激想法和行为，从而导致了一幕又一幕悲剧的发生。

　　正如有人说的："假如你厌恶学生，那么你教育的开始也就等于结束了。"可见，信任是尊重教育学生的感情基础。面对未来的不确定，在德育工作中，我们就不得不将自己托付于信任。教师对学生的信任使教师充满着对学生的希望，希望指的是那些给了我们对孩子的发展的各种可能性的耐心和忍耐、信念和信任，体验到我们的信任的学生由此而受到激励，对自己充满了信任。信任激发了信心，使他们能够对自己的前途充满自信。

第三章

抗 疫 篇

畅想美好未来　正心品读经典

——后疫情的反思与成长系列专题讲座

（孙洪锐 山东省平度师范学校）

　　特殊的疫情，漫长的假期，生活与学习环境的突然改变，使我们的学生心态慵懒、纪律涣散、行为迟缓，部分中职学生目标迷失，缺少学习动力，产生浮躁情绪、焦虑甚至抑郁等问题现象，对自己的未来陷入迷茫……反观身为老师的我们有时也会感觉有些不适应，甚至会产生提前退休的想法。因此，正确面对和处理后疫情给我们带来的负面影响，迅速调整好心态，积极地投入到新学期的学习和生活中去，就显得尤为重要。

　　针对当前学生的实际情况，孙洪锐名班主任工作室在学生思想、心理、专业技能、学生会素养提升、就业指导等方面开展了一系列的活动，并从社会上请来了专家和领导，帮助学生迅速走出疫情的阴霾，积极阳光地投入到每天的学习和生活中去。

　　2020年6月3日，我在学术报告厅面向2016级全体同学，开展了"畅想美好未来，正心品读经典"践行"十个一"活动和后疫情的反思与成长专题讲座，帮助学生分析问题，找出根源，用实际行动、恒心和毅力，践行和实现自己的人生目标。

　　首先，我从个人层面、家庭层面、社会和国家层面以及国际层面和学生们一起讨论分享了当前疫情给每个人带来的成长和感受。在师生积极热情的互动中，学生们发表了自己不同的成长感悟。

　　面对在国外疫情中死亡人数的不断攀升，学生们深刻地感受到生命的可贵，并由衷地发出珍爱生命、感恩生活的感叹！

　　和家人们长时间的相处，使同学们体会到了"家和万事兴"对每个人的深刻含义，同时理解了与亲人相处更需要尊重和信任，并懂得了换位思考，从内心认可和欣赏对方，能正确处理与亲人之间的意见分歧；进一步理解了爱的含义，真诚地感恩和奉献自己的亲人。

学生深刻感受到祖国的伟大、民族的凝聚力和向心力，使肆虐的疫情和疫情带来的诸多问题迅速得到控制和解决。

其中，在互动中有一个同学，遗憾自己所学专业不是医护专业，感慨自己不能亲自到抗疫现场作贡献。我首先肯定和赞叹了这位同学无私的奉献精神，同时在启发中使这位同学明白，自己当前所学的学前教育专业的重要性，尤其在提升整体国民素质作用中的不可替代性，进一步提升了同学们的自我价值实现感，从内心生起了为国为民责无旁贷的使命感。

接下来，我从学生的学习和生活实际出发，结合同学们所选择的专业和技能特点，启发他们在当前疫情的情况下，首先收心、静心、用心，并帮助同学们为自己正确定位，找准适合自己的发展方向和目标，找出阻碍自己发展的问题和不足，量体裁衣，合理制定出适合自己发展的计划和措施，用实际行动，养成好的习惯，并持之以恒地朝着自己的目标不断努力。

我的讲解细致入微，通过抓细节、勤观察的方式纠正学生的不良心态和习惯，看似平凡琐碎却蕴含着丰富经验和满腔热忱。

最后，我向同学们推荐了五本经典书籍。

针对部分中职学生目标迷失，缺少学习动力，产生浮躁情绪、焦虑甚至抑郁等问题现象，我对症下药，首先和同学们一起分享了明朝史上著名的家训经典《了凡四训》。《了凡四训》，又名《命自我立》，是中央纪委、监察部网站要求党员干部品读的一本经典，讲的是中国明朝袁了凡先生，结合自己亲身的经历和毕生学问与修养，为了教育自己的子孙而作的家训。教诫他的儿子袁天启，认识命运的真相，明辨善恶的标准，改过迁善的方法，以及行善积德谦虚种种的效验。

"了凡四训"，作为修身之名言，人人可以成圣成贤；用为处世之准则，举世得以消除灾难与业障，确实是自救救人的最佳途径。通过此经典的分享，使同学们进一步明了了自己心中的疑虑，明确了人生方向和目标，满怀信心地投入到新的生活和学习中去。

二是全球销量过亿的《高效能人士的七个习惯》，有效帮助学生们养成好的习惯。这七个习惯即积极主动、以终为始、要事第一、双赢思维、知彼解己、协作增效、不断更新。

"是否真正有成就并非取决于天性，而是取决于人的习惯"，我提出，人应该支配习惯，而不应该让习惯支配自己。操前阅读的高度、声音，教室早读的坐姿对我们而言都是一种"修炼"。这种修炼我们要坚持一个原则"每天比昨天更好一点"。

三是《弟子规》，这本书是人的行为指导用书，教会学生怎样做人。该书以《论语》的核心为纲领，子曰："弟子入则孝，出则弟，谨而信，泛爱众而亲仁，行有余力，则以学文。"清朝学者李毓秀将其编写为落实在生活工作中的行为规范。

四是《论语》，这本书是中国"四书五经"里的经典之作，"半部《论语》治天下"，品读此经典，有利于提升学生的格局、胸怀和胆识。

五是《3—6岁儿童学习与发展指南》，这是学前教育专业教师的工具用书。通过品读此书，学生可以提升专业素养，更好地开启幼教事业的情怀和智慧。学生通过案例式解读，在求学乃至以后的从教生涯中奉献社会，实现自我价值。

最后，我深情寄语同学们：有目标的人在奔跑，没目标的人在睡觉，因为他不知道要去哪里；有目标的人睡不着，没目标的人睡不醒，因为不知道起来去干什么；给人生一个梦，给梦一条路，给路一个方向；跌倒了要学会自己爬起来，受伤了要学会自己疗伤；生命只有走出来的精彩，没有等待出来的辉煌；埋怨，只是一种懦弱的表现；努力，才是人生的态度！实力代表尊严！ 新的征程已拉开序幕。那些尚未实现的梦想，那些还没到达的远方，都在等待你的出发和起步。放下牵绊，收起倦怠。努力，便会遇见更好的自己！

同心防疫，共铸爱与责任的中国力量

（张家跃 山东省平度师范学校）

一场由新型冠状病毒感染的肺炎疫情在很多国家蔓延。这是一场人类和病毒的战斗，知疫情，方能科学应对。作为一名化学教师兼班主任老师，我通过多种方式进行了防疫教学。

一、录制新冠肺炎防疫科普课程

为进一步做好校园疫情防控工作，切实保障师生的生命安全和身体健康，维护正常的教育教学秩序，我受学生处委托，结合《青岛市关于各级各类学校新冠肺炎疫情防控指导手册（第一版）》，精心制作了"新冠肺炎预防"科普微课，为广大师生和家长科学合理预防新冠肺炎提供指导与参考。

二、召开主题班会

根据学校统一部署，延期开学之初，围绕"生命教育"开展了一堂生动的主题班会。我们虽然远离疫区，却时刻挂念着医患安危。生命可贵，我们不仅要珍惜自己的生命，也要珍惜大自然的万物生灵，杜绝消费野生动物。

三、发挥专业特长，向榜样学习

学前教育专业学生能写会画、能唱会跳，学生居家期间在各科教师的指导下开始了特殊的学习之旅。在英雄的逆行者的影响下，同学们纷纷拿起画笔，将一腔热情泼洒在笔墨纸间，为这场全民抗疫之战留下珍贵的记忆。

疫情之后学生心理和心态变化观察与思考

（宋 玮 山东省平度师范学校）

2020 年伊始，突如其来的新型冠状病毒肺炎疫情，让这个春节和寒假生活注定不平凡。它打破了人们熟悉的生活方式，往昔的热闹与喜庆被担忧、焦虑和紧张代替。对于享受寒假生活的学生们来说，一切都随之改变。我们从电视、网络、手机等电子媒介中，获得的关于疫情的正面与负面的信息，也在时刻影响着学生们。

从课堂教学到线上教学的转变，促使着学生学习习惯的变化，也使得一些学生因为自律原因，在经过一段长时间的自主学习之后，慢慢产生了差距。面对入学，很多学生在经过舒适的居家学习之后，陷入焦虑状态。他们既期待开学又渴望自由自在，所以作为班主任，我进行了以下几个方面的准备。

一、提前预防，做好身体与心理的双重准备

在开学前一周，我打电话与每一位家长沟通学生在家的学习与运动情况，提醒家长引导学生有计划地进行运动，恢复身体的各项活动机能，因为良好的运动带来内啡肽的产生，能够抵抗心理的压力。同时，我也提醒学生对各科学习方面查缺补漏，提前进入学习状态。反馈回来的信息，集中体现在绝大多数父母对孩子的运动缺少监督和引导，学生缺乏适量的运动，主要运动都集中在手机玩游戏上。另外，有部分学生网课上课质量不佳，这也都与自身学习习惯和自律程度有关。这也是日后开学学生会产生焦虑、浮躁心态的一个原因。

二、关注学生的心理疏导，加强家校沟通与协同教育

开学后，因为疫情期间的各项规章制度要求严格，在经过一周的稍松一些的管理适应之后，学生的各项遵守稍显轻松，也能够适应学校的一日常规，例如：错峰上下课、错峰吃饭、打扫卫生和就寝等。但随着第二周越来越严格的要求之后，有些学生出现了不适应的状态。其中本班的一个同学，因为学生会的

管理问题、钢笔字练字要求问题、校服穿着要求等问题,想不通并在与同学的谈话聊天之后,也没有解决,从而进行自我否定,陷于纠结的状态,情绪无法控制,大声痛哭。

在碰到这样的问题之后,我们首先要做的不是立刻询问原因,第一步就是安抚情绪。我联系了家长,先将学生带回家中,等待情绪平静下来。这样本来在学生心中的这些问题,随着情绪的平复也会随之解决。在随后几天的与家长沟通和交流之后,通过平时对这个学生的观察,发现原生家庭和孩子性格在很大程度上决定了孩子的思维习惯是容易钻牛角尖的,对待问题和看待问题的方式和方法也有问题。这样,我们对待这种学生的教育和引导就不能和其他学生一样。应该将过程放慢,加强家校沟通和协同,引导学生训练正确的思维习惯,培养积极心态。当然,这个过程是需要时间的。

三、通过班会、谈心等,培养学生正视消极情绪,适时自我调节

开学的这段时间,通过与个别同学的谈心交流,发现有不少学生在返校之后的这段时间,在努力地适应学校的学习和生活的同时,也有不少消极情绪,无法排解。因为居家学习期间,同学们都会使用手机、电脑和微信、QQ等网络媒介,保持与亲人、朋友、同学的线上联系,与家人、朋友和同学互诉心事,聊学业情况、聊日常琐事,增进亲密关系,获得及时的关心、帮助和支持,化解内心的担忧,也同时给予对方支持和关爱,增进联系与友谊。返校后,这种排解心理问题的方式变得较为单一,无法很好适应。所以,每一节班会课,都需要班主任正确地做好学生消极情绪的引导,做好学生自我调节的帮手。建议学生通过倾诉、运动、阅读、听音乐、合理的休息、正确的人际关系等方式,来让自己适应疫情后的心理变化。

四、班主任自身的心理健康成长也需要积极正视与面对

疫情之后的心理变化,除了对学生的积极引导之外,教师们尤其是班主任们更加需要调节和引导。因为长期的居家状态,班主任的工作状态跟在学校的工作状态是不一样的。良好的心理机制状态是做好疫情之后学校班级工作的重要前提。班主任更要掌握自我心理维护的科学方法与手段,做好自身调节,从而更好地服务班级,帮助学生走出阴霾。

后疫情下的班级管理之沟通艺术

（刘　雪　山东省平度师范学校）

【背景】突如其来的疫情扰乱了人们的生活,给人们带来了不同程度的焦虑。在这个超长版的假期里,家长和孩子长时间共处一室,亲子关系正经历着考验,亲子冲突加剧。复学后如何缓解亲子冲突、增进亲子关系、加强班级管理成效,是班主任老师亟须思考的问题。

班级管理是张人际网,班主任是这张网上居于枢纽地位的一个结。疫情中亲子关系的紧张,多是因为沟通不畅、缺乏理解。如何保证班级网络的沟通畅通,班主任的沟通艺术是不可忽视的必备能力,班主任尤其要重视自己的这个枢纽位置,用最好的沟通调动每一份力量,帮助家长增进亲子关系和师生关系。

【理念】教育是一种特殊的交往,亲其师,方信其道。良好的师生关系的建立与亲子关系的建立,关键都在于沟通艺术。现在学生们自我意识较强,有独立思想和自己的见解,渴望受到尊重。只有与他们实现心灵的沟通,德育工作才能更好地进行。人与人的沟通方式有很多种,根据不同学生的特点要选择不同的沟通方式。

【过程】好的关系胜过万千的教育。听比说更重要,了解一个人,更多的是了解他的需求,感动一个人,就是满足他的需求。

我们班有一个女孩,性格比较内向,人也是长得很娇小。疫情期间她的妈妈和我交流,说孩子在家里就不愿意和自己说话,总是和父母对着来。交流之后,我对这位母亲说,十六七岁的孩子正值青春期,他们的自主意识增强,对父母的主导越来越抗拒。疫情期间在家隔离和孩子相处的时间较长,对于孩子的事情或许倾听比直接帮她作答更有意义。成长是相互的,孩子在不断的成长,家长也要与时俱进,这样才能更好地理解孩子,并促进亲子关系的提升。

与这位母亲交流之后,我认识到,这不是一个孩子特有的问题,这是青春期的孩子普遍存在的。班主任是一座桥梁,不仅联系了家长与学校,也联系了家长和孩子。沟通完家长这方,我就想如何让孩子更多地体会父母的温情与不易呢？复学后，我在班里组织了一场以亲情教育为主题的班会。这场班会不同于以往的形式，没有主持人，没有班主任发言，有的只是图片和音乐。会前，我利用家长群和家长们商议好，把家长与孩子小时候的合影发给我，再把家长与孩子长大以后的合影发给我。我分为小时候和长大后两部分，配上音乐关了灯，播放给了同学们。整个班会，除背景音乐外没有其他一点声音，班会过程中，同学们和我都泪流满面。此处无声，却掷地有声。

会后，我与孩子们讲："很多时候家长并不是不爱你们，也不是不尊重你们，而是他们看不到你们的需求，所以，作为孩子，我们可以尝试和家长表达自己的需求，耐心和家长说清楚自己的想法，只有自己积极沟通，需求才能被看见。"之后我给学生布置了一个特殊作业：给父母写了一封信。收到信后，很多家长都表示感谢，说这次班会后，自己的孩子比以前懂事了很多，每逢周末都会主动联系家长，分享他们在学校的故事，自己作为家长也学会了给孩子更多的独立空间，多一分倾听和尊重。

【效果】班级管理的范围远不止几十个学生，还要扩大到学生背后的几十个家庭。班主任既要与学生沟通，也要与家长沟通。针对不同的群体采用不同的沟通方式，比如对家长可以家访、电话、微信沟通，学生可以当面谈话、写书信等。通过沟通，对其中出现的普遍性问题开展主题班会教育，达到了事半功倍的教育效果。

沟通的目的是解决问题，针对一个问题的出现考虑到这件事可能联系到的多个群体，多方沟通，透彻沟通，用沟通解决问题，进而促进学生全面发展。

巧用网络班会课,共筑战疫同心墙

(刘 雪 山东省平度师范学校)

"延期不延学,停课不停教",在疫情防控的关键时刻,对学生文化知识的教育不能停,而对学生身心健康的关注、对疫情防控宣传教育更不能停。根据青岛市教育局关于在全市中小学生中开展"同心战疫——共铸爱与责任的中国力量"主题德育活动的通知要求,孙洪锐名班主任工作室成员们创新性地开展了疫情防控期间学生德育工作,推出了一系列的"网络主题班会课"。班主任们集思广益,广泛搜集各方面教育资源,精心设计方案,创新途径方法,通过微信群、QQ群等形式在网上开展了一系列的关于防疫知识、生命教育、感恩教育、爱国教育、责任教育等的主题班会课。通过线上活动,工作室成员们对学生学习和身心健康进行科学引领和温情关注,加强了学生的社会责任感,达到了立德树人的根本目的。

一、科学防疫,敬畏自然

班主任通过分享防疫指南,切实提高了广大同学们的防范意识和防治知识,督促学生养成良好卫生习惯和健康生活方式;鼓励同学们分享自己的居家防疫措施,有的同学用手抄报方式引导同学们科学做好自我防护,同时倡议同学们尽可能避免外出,必要出门时要佩戴口罩,要注意家庭卫生,日常勤洗手、勤消毒、勤打扫、勤通风;同时引导同学们敬畏自然,尊重生命、敬畏生命,感受生命的可贵和美好。

二、学会感恩,责任担当

老师和同学们在群里分享自己看到的在抗疫一线的逆行者们的感人故事,发表自己的感受,通过这种形式更加深刻地感受逆行者舍小家为大家的奉献精神。抗疫是每个人共同的责任,班主任们呼吁每个人都可以为抗疫奉献自己的力量,抗疫故事中有太多让我们敬佩的英雄,但居家隔离阻击疫情的同学们也是英雄。只要全国人民同心战役,一定能打赢这场疫情阻击战!

三、体悟真情,规划未来

待在家的日子一定要充实!老师鼓励同学们在群里纷纷展示自己丰富多彩的假期生活,有的同学展示了自己每天的学习计划,有的同学分享了新学会的家常菜照片,还有的同学分享了自己在假期一直坚持的运动锻炼。班主任们从抗疫阻击战"逆行者"的大爱中、从父母无微不至的关爱中引导学生们感受爱、体验爱,学会感恩,努力做一个充满爱、奉献爱、传播爱的人。

同心抗疫,共克时艰

(张　华　青岛莱西市职业教育中心学校)

2020 年 1 月 24 日,本是喜迎新春的团圆之际,一个名为新型冠状病毒的恶魔,却在人们的背后悄无声息地伸出了魔爪。空气中弥漫着刺鼻的消毒水的味道。疫情当前,全国人民同心抗疫,共克时艰,坚决而彻底地打响了这场抗疫阻击战!

我不是医护工作者,也不是公安干警,我只是一名普通的人民教师,在这样严重的疫情之下,我能做些什么呢?除了响应国家号召,宅在家中也是做贡献外,我也坚决执行学校领导"停课不停学,休假不休工"的决定,用自己的实际行动表达了自己抗疫的决心和信心。

一、精心备课,激情不减

2020 年 2 月 10 日接到网上授课的通知后,我们在组长的带领下,群策群力,首先制订了详细的教学计划,积极探讨钉钉直播课的操作流程及可能出现的问题。然后,在英语组钉钉群每人实际操作了一遍,大家互帮互助,在最短的时间内掌握了直播的步骤,为空中课堂的正常开播打好了基础。

二、明确要求,严格执行

居家学习,等于把课桌从学校搬到了家里,同学们按照学校统一的上课时间表,准时听课,下课后的 5 分钟内提交听课笔记,当晚提交白天布置的作业,老师评出优秀笔记和作业。每周至少一次与家长进行微信沟通。我的工作得到了家长们的肯定,心里美滋滋的,即便是累,也值了!

鲁迅先生说过,中华民族自古以来,就有埋头苦干的人,就有拼命硬干的人,就有为民请命的人,就有舍身求法的人,他们是中国的脊梁!现在,战斗在疫情一线的医护人员、专家、公安干警、志愿者们,你们都是中国的脊梁!

三、共同抗疫,不忘初心

同学们在家里自主学习的同时,仍不忘用自己的实际行动支援抗疫前线,纷纷制作了精美的手抄报或写下一篇篇文字,表达对逆风而行的英雄们满满的钦佩和敬意。

通过这一系列的活动,同学们深刻认识到:我们要学着敬畏大自然,敬畏生命,尊重大自然,尊重生命!我们人类,是大自然的一分子。

四、积极防控,筹备开学

2020年2月29日,响应学校号召,我早早到学校,领取了消毒液和喷壶,把教室和学生宿舍打扫干净后,仔细地喷洒了消毒液,为开学做好准备。

我相信:黑夜会过去,光明会到来,因为严冬尽头就是春暖花开!让我们把最美好的祝福献给每一个人,感谢你们一路同行,抗击新冠病毒,我们在一起!加油!

延迟了寒假，我们绝不会虚度

（于　帅　平度市职业中等专业学校）

2020年，注定是不平凡的一年，临近年关，病毒肆虐，武汉封城。除夕之夜，最美逆行者紧急支援，挽救一个个濒临生死线的同胞……

时光不居，岁月如流。"非典"早已随马奔去，新冠却又如鼠潜入，但我相信，在这抗疫的路上，中国定能山河无恙。

作为新时代的教育者，我们一方面要响应国家的号召，居家抗疫，减少外出；一方面响应教体局、学校的号召，"停课不停学"，积极主动地展开各种形式多样的教育。

虽然正值寒假，学校领导、老师们仍然牵挂着孩子和家长朋友们的身体健康，学校防控工作遵照省、市、县疫情防控相关指示精神仍然有序展开。为科学有效地抵御疫情，向大家提出以下建议或要求。

一、相应国家号召，做好防疫工作

（一）新型冠状病毒感染肺炎的临床特征

感染症状取决于病毒种类以及患者自身身体状态，但常见的症状包括呼吸道症状，发热、咳嗽、呼吸急促和呼吸困难。在更严重的情况下，感染会导致肺炎、严重的急性呼吸道综合征、肾衰竭甚至死亡。

（二）做好寒假、春节期间疾病预防措施

1. 近期减少外出

尽量避免到封闭、空气不流通的公众场所和人员密集场所；不参加各类校外培训、比赛及探亲访友等聚集性活动；出门需戴好口罩。

2. 加强居家防护

注意个人卫生及防护，勤洗手，提高室内开窗通风频率；不随地吐痰，打喷嚏或咳嗽时用纸巾或袖肘遮住口鼻，使用后的纸巾、口罩应包裹密闭后丢弃在有害垃圾箱内。

3. 主动配合排查

有外出或接触外来人员的家庭,应密切关注家人的健康状况,自觉居家医学观察两周,并主动向幼儿园及所在街道社区报告情况。观察期间要佩戴口罩,不与外人接触,室内勤通风、勤换气,家居用品每天清洁并定期消毒。

4. 科学安全就医

要随时关注自己及家人的健康状况。新型冠状病毒肺炎感染初期主要以发热、乏力、干咳为主要表现。若出现相关症状时,请第一时间佩戴口罩到就近定点医院发热门诊就医,主动告知疫区流动史或病例接触史,绝不可贻误病情。孩子及家庭成员出现发热咳嗽等呼吸道感染症状,应就近选择医院发热门诊就医。

二、规律作息,健康生活

合理安排时间,有规律地作息,保证睡眠充足,营养合理,生活有规律,注意保暖,适度体育锻炼,提高免疫力。所以我给我们班学生设置了多种多样的"作业",写抗疫感受、做手工作品、帮父母做家务、为父母做顿饭等,让他们的寒假生活更加充实,更加丰富多彩。

三、停课不停学,每天安排好学习时间

虽然假期延迟了,但是我们学校历来重视教学,重视学生的成长成材。在推迟开学的情况下,我们学校采取了视频课程——教学工作不停步,学生学习不停止。

我们利用网上云端授课,让学生们通过手机、电脑来观看视频,达到"停课不停学"的目的。不虚度时光,对自己负责,我们每一个人都是最棒的!

四、每天坚持锻炼,增强体质体魄

适度体育锻炼,提高免疫力。学生们窝在家里,情绪受到了很多的影响,通过运动也可以调整心情。运动的好处有很多:每天运动可以减肥燃烧脂肪,可以放松心情,可以改善肌肉的力量和围度,增强骨骼营养,有效防治骨质疏松。最重要的是可以增强身体素质,增强抗病能力,减少传染性疾病的发生,还犹豫什么呢? 快让我们一起运动起来吧!

五、及时报平安，谨记老师的叮嘱

疫情发生之后，我每天都会通过微信群告诉学生关于防疫情的措施，每天再三地叮嘱不可以扎堆，不可以随意外出。外出一定要戴口罩，多喝水，勤洗手，多运动来增强体质等。还告诉学生不可以造谣，不信谣，不传谣。最重要的每天让学生在班级群里按时报平安、报体温，真正达到学生在家即在校，学生不在眼前胜似在眼前。

冬去春来，静等花开

（张洪敏 平度市职业中等专业学校）

一场突如其来的疫情，改变了所有人的生活。热闹变得安静，喧哗成为空寂，除了医生、护士、警察、环卫、志愿者等一线工作人员，绝大多数人都要求待在家里，尽量减少不必要的外出。

已过立春节气，此时再萧条的景象也只是暂时，相信很快春花将会绽放在枝头，而惠风也会轻拂在每个人的心房。

这是一个艰难的春天，整个新年，非常的假期，大家都在疫情的阴霾下乐不起来。手机、电视屏幕上跳动的数字，每天确诊的人数，还有冰冷的死亡数字。在每个数字之下，我们一度惶惑不安，我们不能做什么，也做不了什么，只能做到不出门，不给国家添乱。我们畏惧死亡，更敬畏生命，面对不断上升的死亡和感染人数我们深切地体会到：人生如此短暂，生命何其脆弱。

青岛百胜医疗卫生用品有限公司志愿者中有很多是我们学校的老师，她们舍小家顾大家，也在生产一线各自的岗位上，勤勤恳恳任劳任怨，无私地奉献着。这就是人民教师的责任与担当，是教师的勇敢与无畏。疫情凶猛，斗志更坚，在这场史无前例的防疫大战中，平度教师以实际行动赋予了"不忘初心 牢记使命"新的内涵。

抗击疫情，从我们做起！看看我们2016级"学前教育贯通班"的姑娘们用行动隔离病毒！宅在家，不出门，她们用手中的画笔向抗疫一线的英雄们致敬！为武汉加油！为中国加油！虽然疫情很紧张，但我的姑娘们也没忘记学习，好好学习，天天向上。

在这场没有硝烟的战争中，各地医护人员写下一封封最美的请战书，他们用自己的力量，在捍卫着生命的伟大与不平凡。我们不能像医护人员、军人一样冲在第一线，我们能做的就是好好待在家里，不为他人添乱。

长江,长城,黄山,黄河

是我们生生不息的脉搏

大江,大河,大湖,大武汉

敢为人先

正在创造新的奇迹

致敬医务工作者

致敬抗击疫情的逆行者

众志成城抗疫情

没有什么战胜不了的

武汉不是孤岛

武汉并不孤单

各路医疗队

除夕之夜辞别亲友

各路医疗队

纷纷前往武汉

武汉加油

中国加油

愿来年开春,风波已过

一切安好

疫灾无情,学子有爱:我的爱对你说……

(孙洪锐 平度师范学校)

疫灾无情,学子有爱。突如其来的疫情,使祖国的大地不再平静,这注定是我们一生中难忘的春节假期。因为疫情,使我们紧紧团结在一起,同呼吸,共命运。面对肆虐的疫情,平师学子众志成城,奋起抗争。国家兴亡,匹夫有责,在校领导和班主任、老师们的引领下,他们积极地发起了"我的爱对你说"活动。用自己的实际行动和心声,为武汉加油,为中国祝福。

他们用手语、舞蹈、歌声和铿锵有力的呐喊声为武汉加油!他们用彩笔绘出了自己的心声,表达了对祖国美好的祝福。他们用网络、多媒体等多种方式表达了抗击疫情的决心和战胜新冠病毒的信心。

《肖申克的救赎》有一句经典台词:"不要忘了,这个世界穿透一切高墙的东西,它就在我们的内心深处,那就是希望。"我们一定要坚信:阴霾会散去,寒冬会结束,春天很快就会到来。请一定要相信:一切都会过去,一切都会好起来。

愿新年胜旧年,岁岁常欢愉。只要眼中有光,处处都是希望;只要心中有爱,所有美好都会如约而至。"路漫漫其修远兮,吾将上下而求索",工作室的修道之路刚刚开始,期待与同仁们协同并进,共同成长。

优秀班主任,儒雅而不迂腐,坚定而不固执,平易而不盲从。他像大海,因所思所想而让人尊重;也像高山,因所作所为而让人敬仰。这些品质不是与生俱来的,而是要一重一重地修炼……

第四章

家校共育篇

主题一　青春相约，与爱同行

　　青春期是人的生长发育的高峰期，是一个孩子的身体和生理机能发生急速变化的特殊时期，其主要特点是身心发展迅速而又不平衡。由于这是个经历复杂发展又充满矛盾的时期，所以家长一定要了解这个时期孩子的特点，才能够与孩子进行正确的沟通，也才能够起到期望的家庭教育效果。

一、青春期带来的变化

（一）青春期性萌动

　　青春期孩子最明显的变化就是身体发育的变化，不管是男生还是女生，都能强烈地感受到自己接近成人的成熟，也因此产生了很多困惑，渴望得到帮助。迈入师范校门的学生大多在十四五岁，正处于青春期，要告诉家长孩子身上发生的这些变化，也要鼓励孩子接受自己的变化。

（二）需要一个平等交流情感的空间

　　处于青春期的孩子，不单是发生了身体的变化，更重要的是心理的变化，他们自认为已经成熟，愿意与同龄人交流，没有压迫感。在与父母沟通上，由于观念偏差总是有障碍。他们需要一个独立使用、有安全保障的天地，一个抽屉、一本私人日记就可以确立他们独立的地位，使他们感觉受到尊重。

（三）身心发展但情感和意志相对脆弱

　　尽管身体和心理都发生了变化，但是这个时期的孩子的情感和意志还相对脆弱。他们的思维能力提高，但对社会事物的体验不深，自控能力差。在情绪上他们忽而热情似火，忽而消极沉闷，情绪两极化。而这个时期心理的矛盾冲突多表现在身心发展与观念、意志之间的矛盾。

二、青春期孩子主要问题

（一）叛逆（寻求独立）

青春期的孩子在环境中体会到"长大了"，出现成人感；他们的力量、智慧提高了;害怕的事情现在理解了,不怕了;独立愿望和意识更加强烈了。

这个时期的心理变化出现了从被动到主动、从依赖到独立的转变;能够运用逻辑思维思考问题;表现越来越独立,让自己更加自信、自尊心越来越强大。之前这些情绪还压抑,在青春期突然爆发了。

那如何对待这种叛逆呢?家长要学会用对待成人的态度对待他们,公平、公正、讲义气;适度地宽容,必要地等待,甚至看着他们犯错误,自然后果法对于青春期的孩子很有效。如果这个时期孩子出现某些问题的叛逆,请不要往他们的枪口上撞,避免不必要的冲突。要给孩子理解、判断的机会,但处理问题的时候要决不留情。

青春期的逆反在之前就已经埋下了隐患,如果家长出现这些问题很可能会让孩子在青春期的逆反更加明显。如给孩子压力过大,孩子内心的愿望长期被压制,与孩子的相处"只许州官放火,不许百姓点灯",家长不能起到好榜样的作用,有的家长一面培养独立,一面压制,青春期时必然会出现逆反。

(二)自卑(自我形象危机)

孩子在比较中发现了自己的不足,自卑感更深重,进而产生危机感。自我形象成了青春期孩子最关注的问题。青春期的孩子相对比较闭塞,不愿意与别人分享太多,不善于排解,不能及时得到帮助。这个时期心理的变化也比较明显,他们强烈渴望有超人之处,难以忍受缺陷,希望得到好的评价来掩饰自卑,渴望别人尊重、接纳。

那如何对待孩子的自卑呢?家长要发现他们的真实想法,解开他们的心结。因为孩子有时候碍于很多考虑,家长可以暗中借助集体的力量,对之进行疏导。青春期的孩子喜欢跟同龄人交流,所以家长可以借助同龄人的力量,形成良好风气,同时帮助孩子找到其他的优势来弥补自卑。

青春期出现的自卑与家长的教育有密切联系,家长批评过多、孩子不被亲人重视、孩子的长相普通、学习成绩落后、家庭经济情况不好、没有好朋友,都会引起孩子的自卑。

(三)友谊(人际关系危机)

这个时期的孩子心灵需要归属感。他们害怕孤独寂寞,需要结交朋友;家已经不是孩子们唯一的精神寄托;他们害怕朋友关系的不稳定,怕失去朋友。因此,这个时期的人际关系对于孩子来说至关重要。与此同时,这个时期的心理也发生了明显的变化：对于安全感的需求越来越强烈；寻找与朋友间的共同语言，有了需要同龄朋友帮助的需求；也产生了与朋友诉说苦闷、相互安慰的需求；渴望通过广泛的交往增长自己的社会阅历。

人际关系的困扰并不是一日形成的，在青春期前如果孩子或者家长有这些方面的表现，就可能为青春期埋下人际关系的危机。如有的孩子天生胆小，这个时期就更加依赖别人。有的孩子没有独立的观念，喜欢跟着大家跑。贪玩的孩子更加需要伙伴。有的孩子则一直孤独寂寞，没有朋友。家长如果不能和孩子做朋友，孩子一般也不寻求家长的帮助，这样导致孩子更离不开朋友。

（四）早恋（情感困惑）

青春期孩子对于早恋有种莫名的向往，有时自己解释不清楚；这个时期渴望有人关爱自己，需要有安全感、有依靠。这个时期的孩子心理变化明显，对于早恋有不同的态度：有逆反型，越说不要试越要试；有跟风型，你有我也有；有情感补偿型，感情缺失需要填充；有心理安慰型，面对压力相互安慰；有出风头型，满足自己虚荣；有体验型，好奇心在作祟；有情感早熟型，童话式早恋。这些不同类型的早恋只有查明原因，才能够对孩子进行有针对性的教育。

早恋问题是学校和家长都头疼的问题，如何来解决早恋问题呢？首先，要解决孩子的心理负担，给孩子一个宽松的环境；其次，要消除孩子的逆反，平静客观的看待情感问题；再次，家长要在孩子心态平和时，把意见说出，供孩子参考，避免强制和压制；最后，家长可以和学校一起多运用集体的教育手段，让孩子学会规划自己的人生。

早恋的发生与之前的家庭教育与成长环境密不可分，如果家庭存在如下问题，就为青春期埋下了早恋隐患：首先，家庭环境不安定，容易让孩子失去安全感；其次，家长如果不能给予孩子爱与支持，没有温暖也会导致孩子产生早恋的渴望；再次，孩子由于被家长宠爱过度而任性也容易在青春期发生早恋；最后，家长要做好孩子的榜样，让孩子能够有正确的态度看待早恋。

（五）认知（学习障碍）

这个时期孩子的学习障碍主要表现为由于能力不足跟不上集体进度，对学习没有兴趣，自制力不足，不能够约束自己，总是由着自己的性子想去玩儿不想学习，这些导致了学习方面的问题。青春期是重要的学习阶段，学习障碍会给孩子带来明显的心理变化，如因学习困难而痛苦、沮丧、无助。

青春期的学习如此重要，家长该如何帮助孩子走出学习的困境呢？首先，家长需要根据孩子的能力特点，引导孩子学习；其次，家长可以借助专业人员帮助分析孩子的学习情况，有针对性地提出辅导策略；再次，家长可以帮助孩子给学习与兴趣搭桥，激发学习动力。

学习障碍的形成与家庭教育有一定的关系，如果家长在青春期前有这些行为，容易导致孩子青春期的认知隐患：如只问学习，不问心情；不给孩子犯错的机会；孩子没有干过自己喜欢的事情；很多事情对孩子隐瞒，不对孩子说明事情；替孩子承担了不应该承担的责任，对孩子的事情大包大揽。

三、青春期教育存在的几个问题

（1）片面强调青春期是危险期，忽视了孩子在青春期蓬勃成长的一面。

（2）青春期教育的内涵逐层递减，严重变形。

（3）抨击早恋的时候，从社会影响、社会不良风气开刀，可是解决早恋问题的时候，却又从学生的生理因素入手。

（4）青春期被模式化。

（5）空批"堵截"，空谈"疏导"。

四、家长需要牢记的六个忠告

忠告 1：儿童时代是一个童年无忌的时代，这不是缺点，而是他们成长的一个特点。我们要尊重儿童的未成熟状态，童言无忌才能健康成长。

忠告 2：从来没有一个时代像今天这样需要以孩子为师，反省自身，保持童心。两代人相互学习，共同成长。

忠告 3：家里有个青春期的孩子，就要备一本性教育的书。但是更为重要的是父母要以身作则，让孩子看到什么是真正的男人和女人，什么是真正的爱情和婚姻。

忠告 4：儿童教育的使命就是发现儿童和解放儿童。发现儿童就是发现儿童的潜能特点和成长规律，解放儿童则是解除捆绑儿童的各种束缚，捍卫儿童的权利。

忠告 5：没有爱就没有教育。问题在于爱有真假之别。溺爱孩子根本不是爱，而是一种软暴力，是对儿童权利的剥夺，其实质是不把孩子当成一个真正的人。

忠告 6：孩子是在体验中长大的。我们不能代替孩子成长，更不能代替孩子体验。

共勉之语：孩子是什么？孩子是爱情的结晶——夫妻共有，是家庭的纽带；孩子是快乐与幸福——重在过程，是家庭的核心；孩子是希望与未来——承载晚年，是未来的投资。孩子不是什么？别把孩子当玩具——爱理不理；别把孩子当饰品——随意摆弄。

主题二　德才并育，身心健康

"德才兼备"，也说"才德兼备"，指的是既有德，又有才；品德和才能都好。家长也希望孩子能够德才兼备，身心健康。作为未来的教育工作者，我们的孩子更需要"学高为师 身正为范"。但目前有很多家长在思想意识形态上还存在很多误区，也就无法正确引导孩子处理好"德"与"才"的关系。

一、家长对"德"与"才"关系的认识误区

（一）误区一：成绩好就是有才

在学校里，成绩固然重要，但只有成绩好就可以了吗？当然不是。尤其是在我们这样的职业学校，既然孩子选择了职业学校，也就意味着孩子选择了将来的职业。怎样才算有才？只有能真正掌握了适应未来职业所需的专业知识和技能才算有才。我们学校是师范类学校，学前专业的学生将来是要成为幼儿园教师的，小教专业的学生将来是要成为小学教师的。未来的合格的幼儿园教师和小学教师既要有扎实的专业知识，还要有过硬的专业技能；既要能说会唱，还要能写会画；既有教授的能力，还要有组织能力，所以不能只看成绩。

（二）误区二：做好自己的事情就是有德

很多家长教育孩子会这样说："只要把自己的事情做好就行了，别人的事少管。"在学校里，首先要做好自己的事情是对的，遵规守纪、个人卫生、文明礼仪、爱好公物等等，这些都是自己的事情，把这些做好是最基本的。但仅仅做好自己的事情是远远不够的。学生在集体里生活，集体意识的养成非常关键。人不开能离开集体生活，小组、宿舍、班级、级部、学校，由小及大，每个人在做好自己事情的同时，还需要相互帮忙，相互照顾，为了共同的利益付出额外的努力。只有有了集体意识，才能从小我的状态里走出来，眼界才能更开阔，思想才能更全面，最终才能更有发展前途和空间。

（三）误区三：在学校"才"比"德"更重要

经常从家长嘴里听到这样的话："孩子还小，不懂事，现在主要是学习，等

长大就懂事了。"这种思想实在是要不得。中国古人有"三不朽",分别是立德、立功、立言。立德居于首位。这说明,德是做人、做事、做学问的基础,是根本。立德是个人成长、家庭幸福和社会和谐的基础。立德是人生必修课,从小就要养成。俗话说:三岁看大,七岁看老。孩子品德的养成,是从小就要抓起的,不是所谓的长大自然就养成了的。

二、家长指导孩子向着"德才兼备"的方向前进

(一)言传身教,以身作则

孔子说:"其身正,不令而行。"你想要孩子成为什么样的人,你首先自己得朝着这个方向努力。比如:你希望孩子多读书,那你就要在家里先成为那个时刻书不离手的人;你希望孩子提高学习效率,那你自己就不能有拖拉的坏习惯;你希望孩子有健康的身体,那你就要带头坚持锻炼;你希望孩子能够关爱他人,那你就要孝顺父母,自己多交往朋友;你希望孩子遵规守纪,那你就要遵纪守法。时刻谨记:自己是孩子的第一任老师,也是终生的老师;孩子在学校是一时的,在家庭是一生的;孩子对老师来讲是几十分之一,对自己来讲就是百分之百! 你的教导永远都是最重要的!

(二)文化技能,缺一不可

在师范类学校,文化课是基础,孩子未来面临的教师资格证考试、事业编考录等,笔试是第一关,也就是说文化知识的积累、学习习惯的养成是必需的;技能课是关键,各类面试以及就业后的日常教学,技能是不可或缺的,没有技能就没有今后更好的发展。所以,在对孩子进行学习评价的时候,要将文化课和技能课并列进行,不能只看总成绩,要看孩子是不是在文化课和技能课上都认真努力了。当然,如果孩子偏科了,分以下三种情况来处理:对于文化课弱一些的孩子,需要跟老师沟通交流,分析文化课弱的原因,对症下药后,还不见起效,那就鼓励孩子在不放弃的基础上,加强技能课的训练,以强补弱;对于技能课弱一些的孩子,需要要求孩子充分利用业余时间进行强化训练,熟能生巧在技能训练上绝对好使;对于文化和技能都弱的孩子,跟孩子和老师一起商量,将精力集中到自己相对比较喜欢的科目上,"总有一样适合你"这句广告词用在这些孩子身上是最好不过的。

（三）参与活动,融入集体

一定要鼓励孩子积极参加学校组织的适合自己的各类活动。参加学校活动的好处很多。第一,能够增长社交能力。参加学校活动,不可避免地涉及与学校领导、老师、同学的交流与合作,是增加与其他人交流的机会,增广见闻。第二,能够培养兴趣,缓解学习压力。适当的学校活动可以缓解学校压力,让孩子的头脑能够放松一下,通过参加各类社团,也可以培养孩子的兴趣爱好,便于在学校找到志同道合的朋友。第三,能够锻炼领导能力。如果孩子有能力、有勇气的话,会在参加活动的时候脱颖而出,成为学生干部,这样在步入社会之前,就具有了一些领导团队的经验,为他将来步入社会提供了与众不同的能力。而家长如果有条件的话,也一定要积极投入到学校活动来,比如认真参加家长会,争取进入家委会,尽可能地参与到需要家长参与的活动中,给孩子以榜样的力量。

（四）不负光阴,终身成长

对于成长,建议家长看一下米粒的《愿你走过的曲折,都会变成彩虹》:人的一生都离不开成长。因为每个阶段,我们所面临的问题都不一样。刚生下来的时候,我们需要学习吃饭,学习走路。捏起一颗豆子,发准一个字音,甚至吃完一碗饭,迈出第一步都是成长。在学校,我们需要学习文化知识,学习与人交往。考试得了第一,帮老师拿作业,替同学发作业,开始朦胧地喜欢一个背影,也渐渐明白分数里暗藏着各自的未来。上班后,我们需要学习规则,学习技巧。你既得懂得八面玲珑,口吐莲花,也要知道藏拙守愚,言多必失,励志故事里的主人公多是别人家的孩子,更多的你我是在迷茫与质疑中一边跌倒一边长大;甚至到了我们结婚生子,你才发现此刻其实比年轻时更需要及时地自我更新。你如何去爱他,如何去教育他都需要摸索和学习。当孩子第一次向你愤怒地挥起手臂,在公共场合说出让你难堪的话语,或者死活都不愿意坐下来看你精心挑选的书籍,这些或尴尬或沮丧的时刻都在提醒你,人生不论经历了什么,学习与成长都不应该也不可能停下来。

得到的时候,我们学习谦卑,失去的时候我们学习放下。人的一生像是一场旅行,山重水复移步换景,每一段路都有需要解决的问题。只是我们常常关注的是身体的发育或老化,也格外在意财富的积累,却很少有意识地去关注自身的成长,很难及时地发现自己认知边界的拓展、情绪心态的成熟,抑或是思想性格的完善。

作为家长，作为孩子的榜样，作为孩子的第一任也是终身导师，你一定要有这样的领悟：人生在世，我们都被公平地赋予了一定的时长，而且大部分人的生命长度都差不多。可每个人对这段时光的掌控与规划却千差万别，只有不断从这个世上找到新鲜养分的人，生活得才最丰盈最有意义。就像潇洒姐说的："提示自己这件事，是一个永恒的使命。"严以自律、不断优化、不断成长，先把自己活成自己想要的模样，再去要求自己的孩子吧。

主题三　成长相伴，志存高远

　　小学教育专业学生迈入高三，面临着能否跨进大学的三个重要转段考试，也面临着对自己发展目标的重新定位。在高三这一时期，作为学校，要帮助学生做好分析，包括成绩的分析、目标的分析、成长的分析；要帮助学生做好定位，包括成绩的定位、目标的定位、发展的定位；要帮助学生做好规划，包括成绩提升的规划、综合发展的规划。学校更要指导和帮助家长，发挥好家长在这一特殊时期的重要作用，形成有效的家校合力，实现学生在学校最后一年发展的完美蜕变！

一、了解高三、拥抱高三

　　迈入高三，这一年的安排有很多，家长要了解高三这一年学校的总体安排，并树立一种积极正向的态度面对高三，这样才能给学生提供有针对性的支持和适时的帮助。

（一）了解高三的转段政策

　　"3+4"小学教育专业的学生怎样才能成功地迈入青岛大学的校门，有哪些不能触碰的底线，每一年的省级政策有哪些不同，这是学生和家长必须了解的内容。高三，是三年中关键的冲刺阶段，一个要全力以赴的阶段，也是学生和家长都必须高度重视的阶段。因此，家长如何重视高三，如何做好高三的陪伴，是学校在家庭教育方面一直探索的一个课题。

（二）了解高三的整体安排

　　家长首先要了解学校对于学生的三年规划是如何安排的，这样才能更好地为高三服务。

　　一年级：

　　1. 明确培养目标，养成学生良好的学习习惯。

　　2. 文化课和技能课皆要打好基础，注重基础知识、基本方法的训练。

　　3. 将高中教材的难度提上去，深度钻下去，广度拓出去。

二年级:

1. 将培养目标逐步落实,形成学校特色和学生个人特色。

2. 文化课全面完成教学任务,实现内容基本掌握。

3. 技能课形成初步成果,各项技能成果全面开花。

三年级:

1. 在点滴培养中逐步完善培养成果,全面检测培养成果。

2. 应对和迎接青岛大学组织的文化综合课和专业技能课的转段考试。

3. 5月份的全省文化课春季高考。

高三的整体安排:

时间	内容	要求
9—来年1月份	语数英三科进行第一轮复习	重基础,要全面;重方法,要能力;精讲精练
2—3月份	语数英三科进行第二轮复习	查找问题,分析问题,螺旋式上升
4—5月份	语数英三科进行第三轮复习	模考训练,查缺补漏,全面提升

学校有关工作安排:

时间	内容	要求
9月初	收心考试	为开学生动员会做准备
	家长动员会	保证思想认识统一
	学生动员会	激励斗志,保证良好状态
10月份	赴青岛大学研学交流	明确努力方向,根据大学反馈完善在校生培养
9—11月份	月考、期中考试	进行阶段性检测、成绩反馈及分析
	文化综合课和专业技能课确定抽考科目	
12—来年1月份	不考试科目结业考试	根据青岛大学通知,提前沟通,为考试充分做好各项准备工作
	考试科目加大训练力度	
	考试之前进行3—4次模拟考试	

(三)具有高三家长应有的心态

1. 思想上要高度重视学生的转段考试。

2. 重视自己孩子的短板,及时补上。

3. 自制力较弱的孩子,家长加强监督。

4. 以尊重的语态、平等的姿态、平静的心态鼓励孩子。

二、了解孩子、激励孩子

(一)了解孩子目前的状态

进入高三,各个任课老师和班主任与家长的沟通交流越来越密切,每一位家长基本都能够清楚自己孩子在班级中的成绩和离学校要求的成绩之间的差距,也对自己孩子的学习状态有了一个客观的了解。知己知彼,百战不殆,此时学校与家长一起和孩子进行有针对性的辅导就会起到事半功倍的作用。

(二)了解孩子的优劣势

师范学校的课程开设较多,参与转段的科目有12门,包括3门文化基础课、5门专业基础课、4门专业技能课。每一名学生的擅长学科不同,学习方式不同,学习要求不同,学习习惯不同,这就要在家长的协助下,学校帮助孩子找到自己学习的优缺点,从而得到优势的发挥、劣势的补位。

通过观察,我们发现小教班级学习非常优秀的孩子身上有共同的优点。第一,学习非常刻苦,一般早晨5点多钟就起床了,周末经常看到他们在教室、阅览室学习。第二,自制力强。玩的时候能管住自己,知道自己什么时候可以玩,什么时候不能玩,对自我的约束力和要求都比较高。第三,这部分孩子的学习规划性和主动性很强。因为小教培养的是全科教师,所以开设的课程比较多,这部分孩子就很会规划时间和学习任务,把零散的时间都能利用好,所以事半功倍。

学习比较弱的学生大概有下面这么几种情况。

1. 对学习认识不到位,学习态度不重视问题

学习成绩不理想的最重要的原因就是思想上不重视,学习的态度不认真。在学期初,听着一些小道消息说,来到这所学校相当于平步踏进大学校门,想到这些,思想上有点懈怠,多少会有玩、蒙混过关的念头。每次学习的时候都会在想,现在不急着学,等着快考试了再学,但每次考试的结果都不理想。如果家长也有和学生一样的思想认识问题,一定要扭转,否则就是害了孩子。

2. 自制力方面

自制力不强,学习不刻苦。别人在玩的时候,自己想玩,别人学的时候,自

己边学边玩,这就是差距。一旦看起小说来或是玩起手机来,就控制不住自己。

3. 学习的时间规划方面

计划性不强,时间安排不好。每天都是在盲目地学习,没有一个时间表,看别人学点什么,自己就学点什么,特别盲从。家长对于这些情况了解后,要帮助自己的孩子培养优秀孩子的品质。

(三)学会激励孩子的方法

1. 行动胜于说教

迈入高三,大部分学生会产生焦虑感和紧迫感,在孩子焦虑的时候和他一起放松,难过的时候静静地陪伴,孩子学习动力不足的时候和他一起学习等等。这些潜移默化的行动都会给学生的学习助力。

2. 关爱胜于苛责

在家庭教育中,母爱和父爱可以使孩子产生无穷的学习动力。在高三,这种家庭的软力量显得至关重要。

3. 细节胜于放手

高三的家长要多观察孩子,观察孩子的细微变化,多在细节上下功夫。家长的后勤保障要做好细节,这是家、生、校都要形成的一种思维模式。在面临转段的 2 月、5 月,我们都会精心拟写和组织学生转段考试的一系列活动,让家长配合学校做好一些细节,保证全线助力。

三、了解当下,把握当下

(一)了解当下的学习竞争对象状态

我校的学生迈入大学后,主要在一起学习的同伴是来自全省的免费师范生,这些学生的文化基础非常扎实,技能学习不足,但这部分学生的整体素质还是很高的。当学生了解到自己的学习同伴情况时,就会逐渐调整自己的目标,变得更切合实际,也更有动力。

(二)了解当下大学的要求

青岛大学在培养目标中提出了对于"3+4"小学教育专业学生的要求,作为家长,"3+4"是如何贯通培养的?进入青岛大学后的高压线有哪些?这是高三家长要明确了解的,有助于鼓励孩子进行长远的目标规划。

（三）掌握把握当下的方法

首先，家长对孩子的教育过程要持有不卑不亢的教育态度，孩子的优势要发扬，孩子的短板要鼓励，让孩子一直处于持续上升发展中。这是把握当下的最实际的表现。其次，家长要引导孩子做好当前时间和事情的规划，学会时间管理，将每一分钟都做到最大限度的高效利用，这是孩子成长的关键保障。最后，家长要鼓励孩子学会使用可以利用的资源，包括环境、人际、学习等，让自己的经历更加丰富，阅历更加精彩。

四、了解未来、创造未来

（一）了解未来的走向

对于"3+4"小学教育专业，我们的培养目标不单单是一名合格的小学老师，而且是从这里走出去的孩子将来都是各个区市的小学教育的领军人物。他们在一线教学可以很快脱颖而出，可以走上学校或者教育行政部门的管理岗位，可以成为名师，可以成为一个领域的专家。这是对我校小学教育专业学生的目标期待，也是对学生个人发展的中期规划。这种目标和理想可以激励学生不断突破自己，成为最好的自己。

（二）形成家长陪伴孩子一生的优秀品质

孩子是一个家庭一生的希望和财富，父母在孩子发展的每个阶段都要发挥好自己的作用。父母要做好家庭教育这项伟大的事业，必须做到和孩子共同成长，这也是我们为之努力的家庭教育目标！

主题四 一专多能,学以致用

爱默生告诫我们:当一个人年轻时,谁没有空想过?谁没有幻想过?想入非非是青春的标志。但是,我的青年朋友们,请记住,人总归是要长大的。天地如此广阔,世界如此美好,你们不仅仅是需要一对幻想的翅膀,更需要一双踏踏实实的脚!

我们中国有句谚语:磨刀不误砍柴工。凡事有准备了就会事半功倍,在师范学习期间是孩子提高自己知识能力的重要时期,本主题主要跟家长讲清楚如何帮助孩子制作一份职业规划,这样就能让孩子在以后的工作学习和生活中做到有的放矢、学以致用。

一、什么是职业生涯规划

职业生涯规划又叫职业生涯设计,是指个人与组织相结合,在对一个人职业生涯的主客观条件进行测定、分析、总结的基础上,对自己的兴趣、爱好、能力、特点进行综合分析与权衡,结合时代特点,根据自己的职业倾向,确定其最佳的职业奋斗目标,并为实现这一目标做出行之有效的安排。

【故事】四只毛毛虫找苹果

有四只毛毛虫,从小一起长大。有一天,他们到森林里找苹果吃。

第一只毛毛虫跋山涉水,终于来到一棵苹果树下,他根本就不知道这是苹果树,当他看到其他的毛毛虫往上爬时,就稀里糊涂地跟着往上爬。他不知道自己到底想要哪种苹果,也没想过怎么摘苹果,只好一切全凭运气。

第二只毛毛虫也爬到了苹果树下。他知道这是一棵苹果树,也确定自己的目标是找到大苹果。于是他慢慢地往上爬,遇到分枝的时候,就选择较粗的树枝继续爬。终于,毛毛虫找到了一颗大苹果,他刚想高兴地扑上去大吃一顿,但是放眼一看,发现这颗大苹果其实是全树最小的一个,如果他选择另外一个枝杈,就能得到更大的苹果。

第三只毛毛虫知道自己想要什么苹果,为了更好地达到目标,他研制了一副望远镜。通过仔细搜寻,他发现了苹果树上一个最大的苹果。经过反复思考、计算,他终于选定了自己的道路,开始缓慢地朝着目标爬去。然而,当他爬到那里的时候,苹果已经因熟透而烂掉了。

第四只毛毛虫知道自己想要什么苹果,也知道苹果将怎样长大。当他用望远镜观察苹果时,他的目标并不是大苹果,而是一个青涩的小苹果。他计算着自己的行程,估计当他到达的时候,小苹果正好长成成熟的大苹果。结果他如愿以偿。

【分析】

毫无目标,一生盲目,没有自己人生规划的糊涂虫,不知道自己想要什么。遗憾的是,我们不少人都是像第一只毛毛虫那样活着。

第二只毛毛虫虽然知道自己想要什么,但不知道该怎么得到苹果;在习惯的正确标准指导下,做出了一些看似正确却使它渐渐远离苹果的选择。而曾几何时,正确的选择离它又是那么接近。

第三只毛毛虫有非常清晰的人生规划和正确的选择,但目标过于远大,行动过于缓慢。成功对它来说,已是明日黄花,机会、成功不等人。

第四只毛毛虫不仅知道自己想要什么,也知道如何去得到自己的苹果,以及得到苹果应该需要什么条件,然后制订清晰实际的计划,在望远镜的指引下,一步步实现自己的理想。

生涯规划要做到知己知彼。

知己,即了解自己,对自己的兴趣、能力、价值观有比较清晰的认识。知彼,即认识外在环境,通过收集外界信息来认识环境,选择与行动。在知己、知彼的基础上,利用行动在自己的生涯中寻找一个合适的定位。

二、认识进行职业生涯规划的重要性

(1)职业生涯规划教育在学校教育中还是空白。

(2)师范生处于人生的转折期,能否走好这个阶段,影响着孩子的一生。

(3)职业生涯规划有利于孩子的学习成绩的提高,更有利于孩子综合素养的培养和长远发展。

(4)就业形势严峻。

三、如何帮助孩子进行职业生涯规划

（一）知己——帮助孩子进行自我探索

1. 家长帮孩子认知什么

（1）想干什么？未来希望干什么？

西方有句谚语：如果你不知道你要到哪儿去，那通常你哪儿也去不了。同样，一个不知道自己想干什么的人通常什么也干不好。

清楚地知道自己未来想干什么的关键点是找到自己的兴趣所在。一代球王贝利以视足球为生命，成为世界瞩目的球星；对经商有着强烈兴趣的北大方正公司集团总裁张玉峰的创业史也说明，浓厚的职业兴趣是一个人事业腾飞的引擎，而对兴趣的无悔追求是事业成功的巨大推动力。

兴趣会随着年龄的增长逐渐清晰，家长要帮助孩子找到真正的兴趣所在，据此选择发展方向。

（2）能干什么？适合干什么？

宇航员杨利伟、导演张艺谋、央视名主持白岩松、球星姚明等人所从事的职业是众多年轻人的兴趣和梦想，但从事这些职业所必备的个性能力特征决定了不是只有兴趣就适合做这个。

每个人都有自己的能力优势和个性特征，有自己的强项、弱项，家长要帮助孩子充分地认识自己，才能知晓自己的孩子能干什么，适合干什么。

2. 家长如何帮孩子进行自我认知

（1）家长是最了解孩子的人，所以，家长可以对孩子各个方面给予一个客观的评价。

对孩子来说，认知自我是一个长期的过程。处于成长期的孩子，对自己的认知不够稳定，家长给予评价时要做到以下几点：评价要准确；评价要调动积极性；评价要注意全面性；不给孩子乱贴标签；掌握火候巧妙"激将"；放大优点，弱化缺点；尊重孩子，不揭子短。

（2）引导孩子知道别人眼中的自己是什么样的人。

家长对孩子的认知和孩子对自己的认知有片面和局限性，可引导孩子寻问老师、同学、亲戚、朋友眼中自己是什么样的人。一方面，了解他人的看法，有助于发现被自己忽视的不足；另一方面，他人对自己的评价和看法未必全部正确，要以平常心对待。

（3）引导孩子进行自我探索的方法

让孩子用三个形容词来描述自己的性格；让孩子说出最喜欢做的三件事情是什么；让孩子写出最擅长和最不擅长做什么；让孩子认清在生命中最重视的是什么。

（4）利用专业理论让孩子更加清晰地认识自己

霍兰德的职业兴趣理论——强调兴趣与职业的匹配。

麦尔斯－布瑞格斯人格理论——强调职业与性格的吻合。

埃德加•H. 施恩的职业锚理论——强调价值观、能力及兴趣，甚至个性的融合。

舒伯的人生彩虹理论——强调人生阶段与职业发展的配合。

霍兰德在 20 世纪 70 年代提出的系统的职业兴趣理论，是进行职业选择的重要方法。他认为大多数人的人格特质可以归纳为六种类型：实际型（R），研究型（I），艺术型（A），社会型（S），企业型（E），事务型（C）。

实际型的人，偏好与物体打交道，他们喜欢选择机械、电机、制造等领域的职业。研究型的人，喜欢用头脑依自己的方法来解决问题，他们多喜欢从事数理、生化等领域的研究工作。艺术型的人，喜欢用文字、音乐、色彩等表达情绪或美的感受；喜欢创造，不喜欢受束缚；喜欢从事音乐、写作、戏剧、绘画、设计等领域的工作。社会型的人，关心自己和别人的感受，愿意付出时间和精力去解决别人的冲突，并帮助他人的成长；他们喜欢从事教育、咨询福利等领域的工作。企业型的人，多希望拥有权力去改善不合理的事情，善用说服力和组织能力，希望自己的表现被他人肯定；喜欢从事管理、行政等领域的工作。事务型的人，做事规矩而精确，喜欢按部就班、精打细算；他们多喜欢从事文书事务、金融、统计等领域的工作。

（二）知彼——了解职业世界

1. 什么是职业？

所谓职业，是参与社会分工，利用专门的知识和技能为社会创造物质财富和精神财富，获取合理报酬作为物质生活来源并满足精神需求的工作。从个人角度来讲，职业是一个人生存的方式，是其生活的物质基础。从社会角度来讲，职业是构成社会存在的基础，是社会运行的一种具体形式。可以说，职业反映着个人与社会两个方面的内容,是个人与社会互动的范畴。

2. 如何了解职业?

家长把自己从事或者自己了解的职业相关情况告诉孩子;引导孩子去向从事与此相关职业的亲友了解;引导孩子通过网络去查相关的情况;看各行各业成功人士传记或者讲座;鼓励孩子通过打工的方式,自己亲自去实践、体验。

(三)目标——人生的发展方向

哈佛大学的跟踪调查报告显示:3%的人有十分清晰而长远的目标,10%的人有清晰但比较短期的目标,60%的人只有一些模糊的目标,27%的人根本没有目标。

25年之后,3%的人成为社会各界顶尖成功人士、白手起家的精英、行业领袖等。(25年来几乎不曾更改过自己的目标)10%的人成为社会的中上层、各专业领域的成功人士,如医生、律师、工程师、高级主管等。(短期目标不断被达成,状态稳步上升。)60%的人几乎全都处在社会的中下层,他们拥有稳定的工作,但都没有特别的成绩。27%的人几乎全都处在社会的最底层,他们全都过得不如意,常常失业,靠社会救济,并且常常都在抱怨别人,抱怨社会,抱怨世界。

目标能指引孩子奋斗方向;目标能让孩子安排事情的轻重缓急;目标能告诉孩子走了多远;目标有助于激发潜能;目标有助于实现理想。

(四)计划——让目标一步一步靠近

计划是为完成某一项工作、达到某一预定目标而事先做的安排与打算。计划包括长远计划、中长期计划和短期计划。

计划的内容通常用4个W和1个H表示:

What to do——做什么? 明确生涯规划中家长、孩子的具体任务和要求。

Why to do——为什么做? 明确生涯规划的目标,有助于发挥孩子的主动性和创造性。

When to do——何时做? 规定生涯规划中各阶段、各事件的开始和完成进度。

Who to do——谁去做? 明确每个阶段家长、学校和孩子要做哪些事项。

How to do——怎么做? 规定每个阶段的各项事件如何实施、执行。

计划是行动的保护伞。家长要根据孩子的实际情况,找出当前所存在的差距,制订切实可行的行动计划。

(五)行动——落实计划、实现目标

1. 行动的五个阶段

师范一年级:引导孩子接受并喜欢师范教育专业。根据社会发展需要和国家对教师队伍建设的重视,引导孩子调整理想,不让不切实际的理想束缚孩子。调整理想后,看看哪些课程适合自己的孩子,哪些不适合,做到心中有数。

师范二年级:专业学习上要取长补短。孩子的优势学科有哪些,可从两个方面进行考量:孩子本身自我比较,学什么学科可以感到快乐、轻松,有激情、有意义;孩子与他人比较,哪些课程可以让孩子脱颖而出,哪些课程可以让孩子获得更好的排名。

师范三年级:为进入大学阶段学习做好准备。"3+4"小学教育专业的同学要努力学习为春季高考升入青岛大学做好准备,春季高考过后要做好实习工作。五年制学前教育专业的同学要为升入四年级大专阶段做好心理准备和专业知识和技能储备,考取普通话合格证。三年级基本形成"一专多能","一专"指的是师范教育专业,"多能"指的是适应未来幼儿园或小学教育教学的多种能力。做到"能说会道、能写会画、能唱会跳"。

师范四年级:考取教师资格证。五年制学前教育专业同学四年级的主要任务是考取教师资格证。

师范五年级:做好实习工作。五年制学前教育专业同学五年级的同学要全身心投入到一年的顶岗实习中,为将来的教师职业生涯做好充分的实践准备。极小部分有较强知识基础的同学可选择专升本。

2. 行动需家校联合

孩子的职业生涯规划需要家校联合,共同指导。

(1)学校要做家庭无法做到的事

思考学生生涯规划的内在意义和实施方式——做好铺垫;构建整体的生涯规划课程体系——形式模式;做好生涯规划教育的反馈机制——检验有效性。

(2)家长要做与学校互补的事

尊重孩子的合理的选择;正确对待生涯规划过程中成绩和生涯活动的相互关系;家长用最切实际的行动配合学校的生涯教育。在行动中,通过家校联合的方式,引导孩子不断加深对自己的认识,调整目标和计划,使孩子的职业生涯规划更完善。

四、职业生涯规划家长的主要任务

（1）真正去了解孩子的兴趣、能力、性格等，避免"标签"效应。

（2）全面并认真了解小学教育和学前教育专业，客观为孩子讲解工作的意义和作用。

（3）为孩子的职业目标提供合理化建议，尊重孩子选择的职业目标。

（4）和学校一起督促并协助学生职业目标规划书的实施。

主题五　爱岗敬业，勇于担当

一、爱岗敬业、勇于担当的内涵

（一）爱岗敬业的内涵及要求

爱岗敬业指的是忠于职守的事业精神，这是职业道德的基础。爱岗就是热爱自己的本职工作，安心于本职岗位，稳定、持久地在天地中耕耘，恪尽职守地做好本职工作。敬业就是充分认识本职工作在社会经济活动中的地位和作用，认识本职工作的社会意义和道德价值，具有职业的荣誉感和自豪感，在职业活动中具有高度的劳动热情和创造性，以强烈的事业心、责任感从事工作。

爱岗敬业的基本要求是：一是正确认识职业，树立职业荣誉感；二是热爱工作，敬重职业；三是安心工作，任劳任怨；四是严肃认真，一丝不苟；五是忠于职守，尽职尽责。

提倡爱岗敬业，热爱本职，并不是要求人们终身只能干"一"行，爱"一"行，也不是排斥人的全面发展。它要求工作者通过本职活动，在一定程度上和范围内做到全面发展，不断增长知识，增长才干，努力成为多面手。我们不能把忠于职守、爱岗敬业片面地理解为绝对地、终身地只能从事某个职业，而是选定一行就应爱一行。合理的人才流动，双向选择可以增强人们优胜劣汰的人才竞争意识，促使大多数人更加自觉地忠于职守，爱岗敬业。

实行双向选择，开展人才的合理流动，使用人单位有用人的自主权，可以择优录取，实现劳动力、生产资源的最佳配置，劳动者又可以根据社会的需要和个人的专业、特长、兴趣和爱好选择职业，真正做到人尽其才，充分发挥积极性和创造性，这与我们所强调的爱岗敬业的根本目的是一致的。

（二）勇于担当的内涵及要求

担当是指人们在职责和角色需要的时候，毫不犹豫、责无旁贷地挺身而出，全力履行自己的义务，并在承担义务当中激发自己的全部能量。简言之，担当就是承担并负起责任。

肩扛千斤，谓之责；背负万石，谓之任。自古以来，中华民族一直就有敢于担当的人，他们怀抱"天下兴亡、匹夫有责"的崇高信念，秉承"士不可以不弘毅"的昂扬斗志，立志"为天地立心、为生民立命"，为国家和社会作出了巨大贡献。他们敢于担当背后的勇气、良知和才干，也赢得了无数人的赞叹。

习近平总书记要求共产党员"不忘初心 牢记使命"。在实现"两个一百年"奋斗目标和中华民族伟大复兴中国梦的征途中，共产党员必须都具备这种担当精神。只有具备敢于承担、恪尽职守、攻坚克难的担当精神，才能凝聚人心、增强战斗力，不断开创新局面。

（三）舒适区的概念和期望

心理的舒适区指的是轻松的心理状态和稳定的行为模式，而工作中的舒适区则是能够得心应手游刃有余地处理工作中遇到的各类问题，并持续不断地产生掌控感和安全感。

产生出这种掌控感的时间长短也会因个人与职业的不同而产生差异。舒适区可以帮人建立起某一方面的自信，表明自己的方向和努力没有白费，而积累下的经验和教训都会化作日后扬帆起航、步步高升的基础和养分。

师范学校的学生未来的工作绝大部分是教师。一旦进入工作岗位，通过知识和技能的学习，达到掌控状态，进入自己的舒适区，再以爱岗敬业、勇于担当的精神，恪尽职守、攻坚克难，最终成为一名受学生爱戴、家长认可、社会尊重的老师，这是我们共同期待的目标。

二、家长应该如何助力孩子爱岗担当之路

（一）正确对待每一个职业，为梦想而工作

习近平主席在纪念孔子诞辰 2505 周年时说："不同国家、民族的思想文化各有千秋，只有姹紫嫣红之别，而无高低优劣之分。"我觉得这句话，也完全可以用在职业上：职业无高低贵贱之分，只有姹紫嫣红之别。

每一个职业都不会是完美无缺的，任何职业都有让人喜欢的理由和讨厌的地方。咪蒙曾经写道："喜欢的事和不喜欢的事，是买一赠一，捆绑销售的。你必须接受。不管你多成功，只要你内心有想做的事情，必然伴随着你不想做的事情。要学会忍耐。"

就像你终于进了梦寐以求的国有银行，却讨厌在十字路口发传单；你的梦

想是广告设计,但刚进公司必须要排版、打扫卫生;你喜欢教书育人、桃李天下的感觉,却受不了日复一日地分析考点、研究教材。这个时候我们要明白,这是我们美好未来的一部分,一小部分。如果想更靠近梦想,你必须接受。只有深陷困境也能寻找到工作意义的人才是职场中真正的强者。才能把工作当成提升自己、实现梦想的途径,而不是浪费时间、单调枯燥的牢笼。我们的 8 小时如果不用在消极被动,不用在吐槽抱怨,不用在机械麻木上,可以用来细致观察、深度思考、举一反三和触类旁通。浪费每一天和利用每一天的差异在短时间内也许不太明显,但过不了多久,那些获得了精神与物质双重满足的人会远远地走在其他人的前面。

(二)自己爱岗敬业,勇于担当

"如果你是一滴水,你是否滋润了一寸土地?如果你是一线阳光,你是否照亮了一份黑暗?如果你是一颗粮食,你是否哺育了有用的生命?如果你是一颗小小的螺丝钉,你是否永远坚守在生活的岗位上?"不知大家是否还记得《雷锋日记》的这段话。每个人的工作岗位不同,但可以"行行出状元",每个人为社会作出的贡献不同,但"功崇惟志,业广惟勤"。你自身是否做到了呢?

如果做到了,很好,什么都不用说,你就是孩子最好的榜样。如果做不到,尤其是当孩子在场的时候,你在言谈举止间有没有过以下情况?一是抱怨领导不公、工作困难;二是谈论其他同事(同行)是非、人心险恶。这些都是极为不当的行为,这些给孩子造成的影响就是:我的家长不喜欢自己的职业,凑合着吧;所有问题都是他人的问题,不是家长的问题。天长日久,他们会这样处理事情:工作不是我的原因,是他人的原因;不喜欢工作也是正常的。

面对孩子,如果你想要跟他谈论自己工作,那么一定要是积极向上的,跟他谈如何集思广益想出解决方案的,如何团结协作解决问题的;跟他谈如何面对困难迎难而上的,如何互帮互助走出困境的;跟他谈关键时刻是哪位勇于担当,扛起责任的;跟他谈哪些同事甘于吃苦,是大家学习的榜样。如果这些全没有,如果你本身就对自己的工作深恶痛绝,那么方法只有两个,一是换工作,二是在孩子面前闭口不提。

(三)崇尚、支持爱岗敬业,敢于担当

国家发展蒸蒸日上,人民生活红红火火。习近平总书记说:"这些成就是全国各族人民撸起袖子干出来的,是新时代奋斗者挥洒汗水拼出来的。"这些年来，各行各业的发展都取得了卓越的成就，这是无数人兢兢业业、恪尽职守、拼搏奋斗的成果。我们要崇尚和支持这种人。

对于学校的老师，他们的职业就是教书育人。教师的职业道德也要求他们忠诚于人民教育事业，志存高远，勤恳敬业，甘为人梯，乐于奉献，对工作高度负责，认真备课上课，认真批改作业，认真辅导学生，不得敷衍塞责。

对于在校的学生，他们的岗是学生，他们的业是学业。学生需要有学生的担当：普通的学生需要担当遵规守纪、打扫卫生、内务整理等任务；班干部需要担当班级管理、协助老师、团结同学等职责；学生会干部需要担当学生自我管理、组织活动、检查管理等责任。

家长一定要善待每位老师，特别是那些为孩子好、对孩子严厉的老师。有这样一句话：如果唐僧没有紧箍咒，孙悟空一辈子是泼猴。如果老师放任孩子调皮捣蛋，不管不教，孩子会变成什么样子，不难想象。

家长一定要支持学生承担各项任务，不能以各种理由给自己的孩子搞特殊。因为一旦在一个方面特殊，他就会不自觉地在另外的地方寻找特殊机会，特殊多了，实际上就是担当少了，那么遇事退缩、利己主义就产生了。

家长一定要尊重学校做出的所有决定。学校的规定是针对所有学生制定的，不是针对哪个学生制定的。学校制定所有规定的出发点都是为了学生发展和学校发展。一旦有学生违反规定，家长一定要站在教育孩子的角度看待事情，事先跟班主任沟通，看孩子的问题出在哪里，用孩子能够接受的方式配合学校进行教育。犯错就要接受处罚，这也是担当的一种体现。

家长要做的还有很多，千万谨记：平静的海面磨炼不出真正的舵手，别怕挑战，也别怕困难，因为难度越大，收获越大。

家校共育会客厅

一、班主任教育案例（宋玮）

（一）问题标题：家校同心，师生同行

（二）问题描述

学生一：一年级刚入校的时候，我们班有个性格内向的孩子表现出的行为让我对她有了印象，那是在开学第一周军训的时候，我们班在原地休息的过程中小教班级里的男生们路过我们班，她毫无掩饰地将自己的欢呼声吆喝了出来，这引得我们班不少人也包括我对她的瞩目。后来在第二个月的秋季运动会时，班级同学对她欠缺与别人交流的情况告诉了我，我找到她在与她交流的过程中发现，她的心门关闭得很严，对你的问题回答基本就是"嗯""是""还行"等寥寥几字，让我感觉这和之前她的形象有些矛盾，在翻阅入学家长会家长和学生自己填写的材料里面也看不出家庭中父母婚姻存在问题，后面我又从宿舍的同学那里了解到这位同学在宿舍与同学交流的时候鲜少提及父亲，让我感觉她的生活中缺少父亲的陪伴。一年级下学期的一件事情让我对这位学生的印象不但加深了，也变成终生难忘了。事情的经过是，周日大休返校后的第二节晚自习，和她前后桌的学习委员，也是她的好朋友来告诉我：XX 同学心情不好课间到操场散心，打铃之后不想回到教室，找不到她了，于是我们就发动了班级部分同学分头寻找，最终在音乐楼三楼琴房窗户上发现了她，所有人心惊肉跳把她拉下来之后，她拒绝和任何人交流，包括她父亲，只在她母亲来了之后边哭边倾诉，直到晚上很晚，所以就让学生先跟母亲回家了。二年级因为疫情 5 月份开学后，第二周，此学生又发生了一次与上学期一样的事情，唯一不同的是这一次她发信息告诉了我她在操场上，只不过这一次又多了一个同学，同样我们还是在音乐楼找到了她，在让家长带回和第二次家访之后，我们和家长达成了共识，让学生走读。

学生二：我们班第二个孩子情况是，一年级入校的时候，从外形上看是一个胖胖的小姑娘，性格外向活泼，善于与人交流，但是在疫情过后进入二年级后，我发现她已经在家减肥，减到像是变了一个人似的，这一切看似正常。但到了后来她不断地来和我请假去上厕所，一般都是在晚自习。我了解了一下，她去厕所是因为便秘，吃饭不规律，即便是吃了饭也胃不舒服，会去厕所吐，在和家长交流后得知她假期在家就因为减肥导致内分泌失调，便秘到了学校就很厉害。反反复复之后，孩子的心理有点崩溃，开始动不动就哭，说自己压力太大了，自己从家带的体重计，体重稍微多了几两就开始不吃饭，但是想吃饭的时候又吃很多，吃完了之后胃不舒服又开始内疚自己为什么又吃这么多，进入了一个不断吃、不断吐、不断内疚自责的循环。

（三）原因追溯

学生一：在寻找学生这件事情结束后，通过与她母亲、大姨等人的家访面谈了解到，该学生在初中时因班主任对手机建群问题处理不当而产生了心理问题，从那之后孩子变得不善言谈和交流。加之学生自小的性格就内向，看待问题偏激，总站在自己角度看问题，对待周围的亲人也是属于不主动交流型的。另外，在与母亲主动交流的过程中，发现学生的母亲作为一名小学老师并没有意识到自己的孩子处于心理不健康的状态，将一切都归结为孩子就是这么一种性格。在学生发生这种事情后她的父亲一直没出现，我想从她母亲的口中去了解这个父亲，但是我得到的回答是，孩子父亲一直在青岛工作，很忙。学生在走读一学期之后，家长没有对手机问题进行很好的管理，以至于我在上午第一、二节课的课堂中经常能看到学生打盹犯困睡觉的情形，在联系她母亲的时候，母亲居然对此毫不知情。

学生二：这个减肥的学生在学校中不断发生上厕所和厌食暴饮暴食的事情之后，我主动找到她的父亲了解家庭情况：孩子在很小的时候，父母离异，父亲带着兄妹俩与继母另建家庭，学生与继母的感情也没有那么亲，但是父亲对这两兄妹的关爱一分不少，很疼爱他们，加之这个学生性格外向，有什么话和情绪不会憋到心里去，她会在自己情绪不好的时候与周围的同学、老师们一起交流，也会把困扰及时地同父亲交流，而他父亲会同时和我在微信上交流学生的状态和解决办法。除此之外，最重要的一件事情是，学生透露出了想与亲生母亲交流的想法，渴望母爱，但是又担心父亲会因此而生气。

（四）方法／策略选择或者技能应用

1. 以人为本，爱心感化。我们教育学生，首先要与学生之间建立一座心灵相通的爱心桥梁。这样老师才会产生热爱之情。"爱是教育好学生的前提。"对这样的孩子，要敞开心扉，以关爱之心来触动他的心弦。"动之以情，晓之以理"，用师爱去温暖他，用情去感化他，用理去说服他，从而促使他主动地认识并改正错误。

2. 同伴相助，友情感化。同学的帮助对她来说，是必不可少的，同学的力量有时胜过老师的力量。通过同学的教育、感染，促进了同学间的情感交流，这样在学困生工作中就能起到较好的效果。

3. 因材施教，循循善诱。因此，我就以爱心为媒，搭建师生心灵相通的桥梁，充分发挥学生的力量，安排一个责任心强、学习成绩好、乐于助人的同学跟他坐在一起，给予学习和思想上的帮助，从而唤起他的自信心、进取心，使之改正缺点，然后引导并激励他努力学习，从而改变自己。

（五）实施过程

学生一：针对学生不善交流、性格内向以及不能正确处理自己的情绪的问题，我先从家庭方面入手，借助学生的姨妈是小学的心理辅导老师的有利条件，双渠道地与学生周围的人沟通。姨妈会利用自己的有利条件，在每次家庭聚会中增强与学生的交流，并且让她跟姨妈一起学习学前幼儿心理，在家庭关系中帮助学生改进与亲人间的关系，在学校里利用此学生学习稳定的特点，调整她的同桌，让她帮助同学学习。

学生二：针对学生对减肥和自身体重管理上的不正确的观点,我建议家长领着孩子去正规医院找心理医生诊断,在学校也让学生联系学校的心理老师祁老师,从做沙盘开始,引导学生倾诉内心。针对暴饮暴食的情况,我建议让周围的同学帮助她每日定时定量饮食。与学生的父亲沟通,加强孩子与亲生母亲的交流,定期进行亲子活动,调节孩子与继母间的关系。

(六)实施成效

学生一：母亲说学生每天在学校的不良情绪会在回家的这一晚上自己消化掉,第二天情绪就会有好转。这一学期,学生积极帮助同桌学习数学等文化课内容,自己也积极参加各项学校活动,例如运动会、篮球队等。从情绪上看,有好转。

学生二：能够积极吃饭,并在周围同学的监督之下定时定量。回家之后也和亲生母亲有了交流,父亲也体会到了有很多事情是自己作为父亲代替不了的。

(七)评价与反思

在我看来,班主任是班级的核心,是学生学习如何成长为一个合格公民的引导者,更是组织者。班主任应融入学生当中,成为学生的大朋友,要充满爱心,也要充满耐心,万不可与学生对立,成为单纯的管理与被管理的关系,不然,难以获得信服和学生的尊敬。最直接的一点就是不要当众发脾气,否则久而久之,会在学生心中造成老师爱发火、不亲善的影响;班主任要充分尊重和信任学生,不要吝惜你的赞扬之词,有问题及时处理,有了进步更要及时表扬,学生希望得到老师的认可,更渴望得到表扬。只要我们始终把握关爱、培养、成长三个关键的步调,一定会成功!班主任工作确实是一门艺术,是一门研究每个学生以促使其全面健康发展的艺术,班主任要付出很大的精力和时间去研究每一个学生,以便因材施教。学生的差异决定了班主任需要采取不同的方法,不同的形式,在不同的场合去教育和引导学生,以便产生最佳的教育效果。下面就我个人的体会和想法谈如何做好班主任工作。

1. 要关爱学生,学生需要爱。他们在逐步适应学生生活的过程中比较脆弱,遇到困难容易退却,这就需要老师的关爱,使他有战胜困难的决心和勇气。无论是学习上还是生活上,老师常去关心他,照顾他,哪怕是一句话,在他心里都会产生很大的作用。班主任应学会利用这一点,及时发现那些需要关爱的同学,及时献上一片真诚,那将是对学生的最好奖励,会使他们产生强烈的信任感,更好地听从你的教导。

2. 要研究心理。中职阶段,学生无论是心理上还是生理上都处于青春期顶峰时期,有些问题处理不好,就有可能造成心理上的障碍。所以班主任老师在与学生交往的过程中,要多考虑学生的心理状态,从实际出发去解决实际问题,特别是对那些在心理上有些不健全的学生,应格外注意,分别对待,注意交心。老师要平易近人,平等待人,当发现某些学生有心理障碍时,要注意学习解决它的办法,绝不能等待。

3. 要培养习惯。班主任在班级管理过程中，应该有一个比较习惯的方法，即规矩。不能朝令夕改，自己破坏自己的规矩。班主任要多设计班级，通过什么样的管理，达到什么样的结果，管理中立下的规矩绝不轻易修改。到什么时间做什么事情，什么事情由什么人来做，从方法到要求都要明确下来，特别要重视那些别人看来很小的事，逐步实现班级管理的自动化。当有时要违背一些规矩时，应该向学生讲清楚，以保持班级管理的良好习惯，同时也要教育和培养学生自身形成良好的习惯。

4. 要严于律己。班主任老师堪称学生之楷模，方方面面都有学生学习和效仿的地方，就是说老师的一言一行都会给学生带来很大影响。老师言不雅、行不正，学生就不佩服，老师就容易失去威信，给班级管理带来不利影响。老师每天早来晚走，认真备课和教学，仪表端正，说到做到，这种严于律己的态度往往会给自己的班主任工作带来事半功倍的效果。当然，班主任也要宽以待人，处理好与家长的关系，尤其是在学生面前更要表现出这一点。班主任工作是一门艺术，是一门琢磨不完、研究不透的学问。每一名班主任都有其特长，都有值得我们学习的地方。作为学生，能遇上一个好班主任，肯定地说对他的学习生涯乃至整个人生都是有益的。让我们努力，做一名学生认可、确实值得信赖的好班主任，为学生的成才作出我们的贡献。

二、"家校共育"班主任教育案例会客厅会诊

（一）案例分析诊断一

针对第二个学生的案例描述，我认为她不一定是心理上有问题，"爱美之心人皆有之"，进入青春期的孩子渴望被关注这应该是她减肥的原因之一，而且应该是主要原因。所以针对这个现象，我认为首先应该引导她了解清楚"什么是真正的美"，美是以健康为基础的，失去了健康的美不是真正的美，而是一种病态美。青春期是青少年长身体、长知识的黄金时期。此时，青少年的生长发育速度很快，器官日趋成熟，因此机体对各种营养物质的需求要比成人高许多，尤其是蛋白质、矿物质以及维生素等。如果此时控制饮食，就会使各种营养物质的摄入量减少，满足不了机体生长发育的需求，处于一种饥饿状态，继而影响到组织器官的发育。发育不良必将导致器官功能低下，机体抵抗力下降，容易感染各种疾病。

她减肥的第二个原因，我认为是孩子缺乏自信心和安全感。她本身就是一个重组家庭的孩子，跟正常孩子相比，她感觉缺少母爱。重组家庭的子女对继父母存在一种恐惧、害怕、担忧，感到不安全，害怕受到伤害。

假如这是我班的学生，我会从以下几个方面入手帮助孩子回到正常的人生轨迹上来：引导她树立正确的审美观；关注她的成长（学校的一些活动）；走进

家庭多与其继母、父亲沟通,提醒他们多关爱孩子;有意识地让她多参与班级活动。

(二)案例分析诊断二

通过这两个案例我们能够发现:

1. 宋老师是一位非常细心的班主任,善于观察,并且能积极地解决问题。在对这两个学生的问题解决上处理得很及时,我们看到了宋老师对学生无微不至的关怀和爱。

2. 能够找到问题的根源,并采取积极有效的措施。只有找到问题所在才能对症下药。这两个孩子都是家庭原因造成的问题,宋老师不仅找到了父母还找到了姨妈,说明宋老师深入地进行了了解,值得学习。

3. 能够发挥班级的作用,不是一个人孤军奋战。不仅家校合作,还发动了同学们,我认为这是很好的做法,这个年龄段的孩子,同伴也是很重要的。

以上是我觉得宋老师在这两个案例中做得很值得学习的地方。关于不足,我认为,一个"问题孩子"的改变不是一朝一夕就能解决的,我能理解宋老师迫切的心情,也能体会家长的无奈。第一个案例中的家庭是一个父亲角色缺失的家庭,其实无论身为父母的我们抑或是身为老师的我们也都是这个世界上平凡的一员,我们能做的是尽最大的努力去影响我们身边的每一个人,也包括我们的家人,但是我们很难甚至说我们无法去改变谁,这也是为什么很多家长都请求老师帮他们教育孩子。当然,家校合作一定需要家长和老师的双方努力,所以我想是不是能够给予家长更多的理解,给予孩子更多的时间,调整好我们的心态,不急于要一个结果。这样效果也许会更好,失落感也会减少。

如果这个案例发生在我的班级,针对第一个孩子,我也一样会从家庭入手,都说父母是孩子的第一任老师,一个孩子的原生家庭给孩子带来了至关重要的影响。这个孩子由于父爱的缺失、母爱的不及时导致了现在一系列的后果,那么帮助她营造一个健康的生活环境是我想做的。我们无法改变她的原生家庭的时候,那就在学校的时间给孩子营造她的第二个家庭环境,一个充满关爱和机会的班集体。这个孩子之所以有现在的行为是因为缺乏关爱和关注,不仅仅是缺失父爱,其实弟弟的出生也让她缺失母爱。怎样才能让她找到自己的存在感,那就是让她获得自我效能感。我会在持续地跟她的父母交流的基础上,在班里给这个孩子安排一个特殊的活动,比如组建一个手指操学习小组,由她担任小组长,组织并带领全班同学练习手指操并组织手指操比赛,让她有事情可做,忙碌起来,并且能得到同学们的关注和认可,慢慢地在家校合作的基础上,她会找回自信做一个更好的自己。

第二个孩子的问题其实主要还是心理上的问题,原生家庭带来的一系列烦恼是不可避免的。首先,我会教会孩子正确地认识到自己现在的生活状态不是因为她,学着接受现有的一切,比如她的继母,这已经是一个既定的事实,帮助孩子学着接受现状是一件不容易但是有必要的事情。其次,我会引导孩子大胆地跟父亲真实地表达自己的想法,说出自己的愿望,不管能不能实现,都要努力争取一下,勇敢的表达对她来说很重要。再次,我会跟她解释成年人也有成年人的无可奈何,帮助她理解父母当初的决定。因此,无论是对待继母还是对待体重都要用科学的健康的方法。最后,我也会在班级给她展示和表达自己的机会,就是让孩子有事可做,并且获得成功,感受快乐,变成一个阳光自信的孩子。

如果要做家访,我会尽可能地倾听,我相信这些比我孩子大很多的孩子的家长所做的每一个决定都是有原因的,听听他们的原因,也许他们比孩子更需要帮助,也许能帮他们解决他们的问题他们才能空出时间去好好地对待孩子和解决孩子的问题。我的策略就是倾听和理解!

（三）案例分析诊断三

宋老师班里这两位同学出现的问题,实际上在中职学校学生中较为常见,同时也是这个年龄段常见的心理现象。他们正处在一个特殊的心理发育期——心理断乳期。在这个时期,孩子开始撕裂与父母在心理上的联系,正是这种急于独立的思想,使自己陷入矛盾的冲突之中。一方面自己急于自主、独立,总觉得对父母的依从是一种压力和束缚,因此常有反抗的表示;另一方面,仍有很大的依从性,不论在经济上,还是在精神上或情绪上,都不能摆脱对父母的依赖,当遇到困难时,又非常期待父母的帮助和安慰,同时也特别希望得到老师和同学,特别是异性朋友的关注和认可。

案例中学生的种种举动,更是这一时期学生的典型表现。我认为,学生出现这些问题的原因有以下几点。

1. 自身原因

因为处在青春期,自身非常矛盾。有很多想表达的又不知如何表达,也不知该向谁表达;想得到母亲的关注和关爱,又不知如何开口……无奈选择了一些非常规性但"效果很好"的方法和手段。

2．家庭原因

父母婚姻存在问题。因为父母关系不好，相应父母对于孩子的关注和关爱就减少，让孩子内心极度缺乏安全感，导致孩子没有办法以一个积极乐观的状态面对生活，更没有办法快速地信任别人，在人际关系上存在问题。母亲对孩子的关注度低也会导致她对生活、对自己的不信任，更会导致心门紧闭，影响自己的人际关系和自我效能感。父亲的缺失，让孩子在与异性交往问题上没有直接经验可以依托，更不会正确处理青春期导致的异性吸引这种现象。

3．家校原因

孩子在家什么样，学校不知道；孩子在校什么样，家长不了解。只有当孩子出现问题了之后，才开始所谓的家校合作。学校和家长、孩子之间缺乏良好的沟通。案例中，老师第一次发现孩子状态不对时，没有及时与家长进行交流，而是当孩子出现问题以后才开始与家长联系。同时，老师一开始对这个学生的了解都是源于其他同学和纸质材料，并没有第一时间与学生本人进行交流。从案例中也可以看出，经历过第一次"失踪"事件家校、师生的交流后，第二次"失踪"时相比第一次有了短信告知的进步。

接下来，我将根据我当班主任的经历及经验，简单谈谈有哪些措施可以帮助这个学生。

1．开口教育

沟通，是建立人际关系的桥梁。如果这个世界缺少了沟通，那将是一个不可想象的世界。没有沟通就没有人际关系的互动，人与人之间的关系就会处在僵硬、隔阂、冷漠的状态，会出现误解、扭曲的局面，给工作和生活带来极大的害处。案例中的女生需要开口说话，同自己的父母，同自己的老师，敞开心扉地说出自己的真实感受与想法，会很大程度上帮助她打开自己，促成更加健康的心态。

2．赏识教育

每个人都渴望被赏识、尊重、理解和爱。只有这个需求得到充分的满足，才会形成一个包容、开朗、积极、乐观的心态，这样的心态也会促使我们更好地学习与生活。案例中的女生在一定程度上不是非常自信，也很少获得自己亲近人的鼓励和赏识，自我效能感偏低，导致自身能量低，很多事情没有办法很好地自我解决，所以才会选择一些非常规手段解决问题。如果在她今后的生活中，父母、老师和同伴能够不断赏识她,让她看到自己身上的闪光点,会极大激励她,给予她很多正能量,改变她的心态和行为。

3. 家校共育

在孩子的成长过程中,家庭和学校从来都不是独立存在的。只有家校一条心,家校教育一致化,才会帮助孩子养成良好的行为习惯和学习习惯。应该在开学的时候就建立班级家委会,充分了解班级中每个孩子的情况,尤其是有特殊情况的学生,例如离异家庭、贫困家庭、有心理问题学生等。只有充分了解学生背后的家庭情况,才能在校更好地理解孩子。同时,也要将家校共育的理念不断宣传给家长,提高家长家校共育的意识。这样当在家学生出现变化的时候,老师可以通过家长及时知晓,能更有针对性地帮助学生。

每一个学生都是成长中的小树,这棵小树在成长过程中,会遭遇风吹、日晒、雨淋这些挫折,也会因为自身的成长发育出现一些小问题,这都是他们长为参天大树必须经历的。遇到挫折和问题并不可怕,只要发现了问题,学生能主动寻求帮助,我们做老师的帮助引导、提供思路,有针对性地积极解决,这些问题就不再是问题,就会转化为能量和动力,让这棵小树离参天大树更近一步。

(四)案例分析诊断四

针对宋老师提出的真实案例,我认为宋老师可以借鉴的做法是:宋老师能根据学生本人的性格特点及家庭情况,及时处理班级的突发状况,而且后续工作也做得非常到位,关键是,宋老师一直持续关注这两个特殊学生的情绪变化,安排其他学生默默观察和帮助她们俩,在同学、老师和家长的共同关爱下,这两个学生的心理在慢慢地发生积极的变化,即使这个变化非常缓慢,但也说明了学生感受到了宋老师细腻的师爱,并且愿意改变自己。

如果换作是我,我班的两个女生发生同样的状况,我的思想工作肯定做得不如宋老师这样细致。我是一个粗粗拉拉的班主任,尤其是学生的思想动态,我不愿意更深入地去挖掘。每周一下午第 8 节课开班会时,我总是只针对现阶段班级内的特殊情况,在全体同学面前做出具体布置,很少单独找学生了解班级情况。我现在面对的都是高三的学生,我跟学生谈论的都是如何提高成绩,下一步,我想我应该向宋老师虚心学习,关注"问题学生"的心理健康及家庭环境,从根本上帮助学生提高自我修养。

（五）案例分析诊断五

1．案例过程及原因反思

学生一：宋老师的教育案例过程描述非常详细，几乎涉及了与学生有关的所有的任务角色。比如，学生一的母亲、大姨以及她的同学及朋友都有出现，由于家庭原因孩子的父亲无法获得更多的信息，是本案例的一个重要人物角色的缺失，但是学生一父亲角色的缺失或许正是孩子出现异常行为的重要原因，由此可分析，如何获得孩子父亲的更多信息或许是解决问题的突破点。

对于宋老师建议家长带孩子看心理医生的行为我是持反对意见的。大背景下中国人对于看心理医生的接受度还不够高。心理问题不同于普通的生理问题，原因和背景往往复杂并涉及个人隐私。而且心理问题具有很大的暗示性，往往会导致学生自我联系、自我判断，认为看了心理医生自己就有严重的心理问题。很多心理问题并未严重到需要看心理医生的地步，且心理医生费用较高，师资良莠不齐，在资质选择时还需要认真考虑。

学生二：宋老师描述的案例过程较详细，并对学生二的减肥行为进行了原因分析。通过分析我们发现孩子的家庭背景属于重组家庭，但是由于孩子的性格外向，与学生一形成对此，因此问题解决的难度要相对于案例一低一些。案例中的角色主要涉及了学生的父亲。家庭背后的母亲和继母描述较少，另外孩子减肥的原因或许与家庭性质并无完全性的因果联系，或许可以从女孩子对于外表的在意以及爱美心理上分析，若这样分析并不属于心理问题。孩子心理压力的出现一方面是减肥和身体不适，另一方面可能与家庭因素有关。

2．针对此案例的实施理念

（1）注意沟通艺术：教育是一种特殊的交往，亲其师，方信其道。良好师生关系的建立以及问题的解决，关键在于师生沟通艺术。现在学生们自我意识较强，有独立思想和自己的见解，渴望受到尊重。只有与他们实现心灵的沟通，德育工作才能更好地进行。人与人的沟通方式有很多种，根据不同学生的特点要选择不同的沟通方式。

（2）抓住沟通主体：班级管理的范围远不止几十个学生，还要扩大到学生背后的几十个家庭，班主任既要与学生沟通，也要与家长沟通。针对不同的群体采用不同的沟通方式，比如对家长可以家访、电话、微信沟通，学生可以当面谈话、书信等。通过沟通，对其中出现的普遍性问题开展主题班会教育，可以达到事半功倍的教育效果。

3．针对此案例的实施措施

学生一：学生一问题的突破点我认为是孩子的家庭问题。从孩子内向的性格特点以及事情发展现状来看很难直接让孩子与老师直接交流，因此可以改变沟通方式和思路。比如，用写信的方式改变谈话的方式，书信更容易让人抒发自己的真实情感，这样的方式可以尝试打开孩子的心门。另外，案例一的另一个突破口是孩子的父母，父亲陪伴的缺失以及母亲观念认知错误都会对孩子产生很大影响。我们可以通过家访深入和孩子母亲交流孩子父亲的情况，想办法打开孩子心扉。

学生二：学生二的问题既有心理压力又有生理压力。生理压力来自渴望变美而奋力减肥的压力以及减肥后导致内分泌紊乱后的生理痛苦，心理压力同样加重了心理压力。另外，想要与亲生母亲联系又害怕爸爸生气这也是孩子心理矛盾点和心理压力大的原因。因此，让孩子能与母亲联系是她最快解决心理压力的一个突破点。这一点孩子难以开口，老师可以与孩子的父亲沟通，设身处地地站在孩子的角度并考虑其父亲的立场，促进问题的解决。减肥问题可以借助同学的帮助，监督鼓励孩子正常饮食，以调节身体状况。

4．针对此案例的家访策略

（1）家访对象

有两种思路，一是选择孩子不在家只有家长在家的时候进行家访，深入与家长交流孩子的问题；二是选择孩子和家长都在家的时候，这种方式要在方式一的基础上进行，以更好地促进问题解决。

（2）家访时间

家访方式一可以选在工作日，方式二选择在节假日。

（3）家访内容

家访内容要提前列提纲，切勿毫无目的地现场发挥，提前把本次想要获得的信息准备好，提高交流效率；交流时要尊重家长与孩子，对于家长和孩子实在不愿意透露的问题，切勿生硬逼问；家访结束后要在一段时间内回访，回访的方式有多种，可以电话、微信，不一定到家，针对前期家访的问题与进展及时与家长和孩子交流。

附录

拓展资料一：竭尽全力的爱会毁了孩子

决定孩子成功的最重要的因素是什么？不是我们给幼年的孩子灌输了多少知识，而是能否帮助孩子培养一系列的重要性格特质。

一、父母的心平气和是孩子成长的最大养分

我们往往喜欢把自己的孩子和别人的孩子做比较，但我觉得这是不可比的。每个孩子都是独立的个体，就像一棵独立的树，全世界每棵树长成一样的时候，这个世界的光辉就没有了。

家庭教育既难，又不难。前两天我读到一篇文章，父母的心平气和是孩子成长的最大养分。父母如果随着自己的情绪好坏来教育孩子的话，那么这个孩子成长过程中一定无所依从，他搞不清楚到底想要什么，也搞不清自己怎样去迎合父母的脾气。如果我们的父母能够控制自己的情绪，在任何时候都能充满理性地跟孩子进行交流和沟通的话，那么孩子一定可以养成心平气和的情绪。这样氛围当中生长起来的孩子就能够心平气和地面对困难、挫折、失败等等。

说到规矩，好像孩子都遵守规矩，一个规矩只要放在那儿不变，孩子就会一直遵循下去。我从上小学的第一天开始，母亲对我有一个要求：每天早上起来必须把被子叠好，扫完地才能去上学，一直到 18 岁上大学都没有改变。我到大学也一直扫地，这带来一个好处——大家认为我比较喜欢为同学服务，都认为我是一个不错的人，最后都愿意与我一起做新东方。

说到家庭教育有几个要素，第一个要素，孩子生长的环境要素。我在很多家庭教育讲座问过一个问题：多少家庭是有书架的？第二个问题：书架上面放满五百本书的有多少？第三个问题：有多少家长有晚上睡觉以前看半小时到一小时书的习惯？我做过很多家庭调查，喜欢读书的孩子，将来克服挫折的能力强很多，他会把从书中得到的知识变成自己内心的思想，当然，书呆子型的读书除外。

有人问读故事和看电影的区别在什么地方。反复研究的结果表明,如果说给孩子讲故事,包括孩子自己读故事,对孩子想象力和形象思维能力的强化会比只看动画片的孩子好很多。我想告诉家长,这个过程其实是两个要素,第一个要素通过锻炼孩子的读书习惯,让孩子一辈子喜欢读书;第二,锻炼孩子的某种能力,而这个能力对他的一生来说都非常重要。

我在三四岁的时候,母亲只给我买书,不买别的东西。母亲要营造一个读书氛围,于是我喜欢上读书。父母种下的种子会在孩子身上生根发芽。孩子在什么样的氛围当中长大,他就会变成什么样的人,这是非常关键的。

二、家长给的时间多少,决定孩子对家的感觉

我们曾经做过一个调研:把爸爸、妈妈、爷爷、奶奶、电脑和小狗放在船上,船承载不起,要扔掉三件东西。调查结果是:妈妈百分之百被留下来——可见妈妈跟孩子接触的时间非常多,再接下来有爷爷、奶奶,或许还有电脑和狗,唯独爸爸最少。

事实上,孩子是父母两个人教育的结果,靠母亲一个人是完不成这件事情的。我们跟孩子在一起的时候,其实有意无意中已经通过自己的行为传输我们的人生价值,孩子对父母一定是有样学样。我们很难发现一个斤斤计较的家庭里面能够走出胸怀博大的孩子,我们很难在一个庸俗的家庭里面发现一个孩子高雅和清纯。

我们总说为孩子花有质量的时间。有质量的时间概念是什么?我们跟孩子在一起的时候,最重要的是要对他们进行心情教育、性情教育,塑造他们健康快乐的个性、积极向上的态度、宽阔的胸怀以及坚韧不拔的精神。我们怎么样让孩子在这种教育中长大?我一直认为和知识相比教育要重要很多。如果把孩子的人格、个性、态度、精神、习惯、心理、能力、处世、技能培养好,即使在班里是最后一名,我也不认为这个孩子会没出息。我们大学毕业不就为了找一份好工作吗?但是找到好工作并不是人生的全部,有了终身可以依赖的技能才是比较完善的。

我曾经到日本考察过他们的教育。一年级的小孩自己背着书包,家长在后面跟着,绝对不给孩子拿任何东西,从小培养孩子的独立性。更加有意思的是,我跟幼儿园的老师聊天,他们幼儿园给孩子洗冷水澡,锻炼孩子的身体健康能

力。我问：洗凉水澡孩子感冒了怎么办？家长不会骂你们吗？不会，家长把洗澡感冒的孩子领走，说一句："对不起，是我没有把孩子培养好，回去继续培养直到洗冷水澡不感冒再来。"对于怎么培养孩子，我们还需要去思考。

在美国曾经有一个调查：决定孩子成功的最重要的因素是什么。不是我们给幼年的孩子灌输了多少知识，而是能否帮助孩子培养一系列的重要性格特质，如毅力、自我控制、好奇心、责任心、勇气以及自信心，这些将影响其一生。拥有坚毅品格的孩子更容易取得成功。

坚毅怎么培养？我想到挫折教育。

定规矩有时候也是一样，规矩的严厉性跟规矩的合理性是必须要考虑进去的。我儿子3岁左右的时候用餐巾纸擦完鼻子往地上扔，我回家看完让他捡起来，他还故意再扔一张纸。我也没打他，冬天给他棉袄一披关到门外去，孩子在门外害怕，过了五分钟敲门了。我说："你干什么？""回来捡纸。"他捡起来扔到垃圾箱里面去，从此以后不再往地上扔任何东西，这种严厉对他没造成伤害。

我们很多孩子不愿意参加集体活动，也不愿意参加团队合作，他怕在团队当中被人比下去。家长需要告诉孩子：你自己不要跟别人比，只要在这个活动中感到快乐就可以了，孩子从小养成凡事都要比较的心态，比到最后心理就会失衡。

我时常带儿子去爬山，1700米、1800米一天爬上去，徒步30公里，走不动也得走，培养他的毅力，这跟学习没关系。我也培养他的创新能力，他对3D打印机感兴趣我就给他买。诚信、诚实、负责、友好、善良，这些是我教育孩子的核心词。把握这些东西以后，其他东西都是生出来的树叶，树根在树枝在，成绩怎么样、上什么大学都不是那么重要的事情，这是我的教育观。孩子的成长需要我们持续不断的正确努力，中国有50%的家长在竭尽全力爱孩子的同时，也在把孩子毁掉。（作者　俞敏洪）

拓展资料二：孩子教育的本质是父母的自身醒悟，你就是孩子的复印机！

最近参加了一次关于家庭教育的聚会，来参会的都是来自全省各地的父母，而这些父母当中有很大一部分人是有共同特点的：孩子已经出现不同的问题了。孩子不再愿意去上学，孩子不再愿意出门，孩子不同程度出现了臆想症。

在看到每一位家长诉说这些不同的故事时，我在考虑，我们作为一个家庭教育指导师，怎么去解决这些问题呢？为什么科技这么发达，却依然无法解决多年存在的家庭教育问题呢？得到的答案，竟然是，家长不做任何改变，孩子是不会有任何改变的。这样的说法，不免还是引起家长的不理解。辛辛苦苦地生活在这个世界上，自从有了孩子，就等于抛弃了自己，只要花在孩子学习上的钱，一律无条件答应。

虽然很多家庭的教育问题现象不一，但是，从根本上来说，还是出现在了家庭的问题上，也就是家长的问题。这多多少少会让辛勤耕耘的家长们无法接受。但是，事实却真的是这样的。对于一个家庭来讲，你是树根，孩子是花朵。如果花朵有问题，多半是树根也有问题。家长们常常"看到"的孩子的问题，其实是他自己的问题在孩子身上的"开花"。孩子是你的投射银幕，当你在孩子身上看到了问题，那是你自己问题的外在投射。

从本质上讲，不存在有问题的孩子，只存在有问题的家长。家长意味着"头脑"，孩子代表着"心"。当生命的存在看似出现问题时，那是"头脑"出了问题。没有你的角度、判定、认为，你眼中会有有问题的小孩吗？如果你眼中有有问题的小孩，那是谁的问题？谁制造出了一个有问题的小孩？是你，你创造了一些问题概念，然后你投射在孩子身上。是你眼花，把一块完美无瑕的玉看成了一块丑陋的石头。

如果你认为你有一个有问题的小孩，一定先反过来，在你自己身上寻找问题的根源。就像你看到银幕上有一些瑕疵，先看看投影仪的镜头有没有问题。

-01- 你自己的恐惧越多，你要求孩子就越多

如果你是一个恐惧的家长，你就会有一个有问题的小孩。你的恐惧越大，你眼中小孩的问题就越多。

恐惧导致掌控。你越恐惧，你越倾向于去把握住某种东西，以让你自己有安全感。掌控者是头脑，而小孩通常都是自由的心，他们像水一样流动，很难被掌控。这使得你越想抓住、越想驾驭、越想掌控，越抓不住，越驾驭不了，越掌控

不住。

　　你的恐惧越多，你要求孩子就越多，因而你眼中小孩的问题也就越多。小孩是一个有问题的小孩，真是这样吗？没有你的恐惧，没有你的压制或判断，他是一个很难教育的小孩，这是真的吗？问一问你自己。

-02- 当你是一个完全无惧的父母时，你的孩子才能天然成长

　　人们都期待自己的小孩长大以后有足够的智慧和能力。如何才能使一个小孩长大以后呈现出"最大"的智慧和能力？那就是让他按照天性成长。如果一个小孩按照他天性本然的样子成长，他长大以后的智慧和能力将会最大化。但是如果不是那样，而是你特别有意识地去培养或训练他，成年以后，或许他在某方面的能力不错，但是他的智慧心将发挥不足。

　　放一匹小马在辽阔的草原上自由奔放地成长，可不是件容易的事。小马的主人需要多大的无惧的心啊！他会担心小马在道路上遇到这样那样的危险，出现这样那样的问题。他会担心，这样地放任小马，它以后怎样，它长大会如何，等等。你怎么敢对你的小孩撒手？你没有那么大的勇气。在一个小孩的自由形态上，可以看出一个家长无惧的心到底有多大。不是像老天一样大胆的人，他的小孩无法享受那纯然无边的天空大地。

-03- 你知道什么对他的人生道路最好吗？

　　在孩子面前，我们似乎都是上帝。在一个幼小的孩子面前，我们总是在无意识中扮演上帝：我们知道什么东西对他最好，我们知道什么样的道路对他最好。从其一生的长远角度来看，你真的知道什么对你的小孩最好吗？以你的"知道"来控制你的小孩按照你的道路行走，把你认为是好的或对的东西强加给你的小孩，那简直是一种挟持。你在挟持他的生命自由，你在挟持他的心。

　　当你还是一个有许多问题的家长时，你怎能教育出一个和你不一样的小孩？你管得越多，他越成为你。你管得越多，他越成为你不希望他成为的那部分——越成为你内心中所讨厌的自己的那个形象。只有你管他越少，他才会越来越不像你，他才会越来越发展出你的生命中所没有的新的部分。

　　你确定什么样的道路才是你的孩子该走的最好的人生道路？你真正知道他到底需要什么？你是上帝吗？如果你真的是上帝，那就像上帝一样去做，彻底撒手让你的"孩子"自己成长。看，那天底下的众生——老虎、狮子、蚂蚁、蜜

蜂,哪一个不是它们自己在成长,上帝可没有操控它们的"人生道路"。

-04- 知识教育和智慧教育

人们往往把知识多当成有智慧,这是个错觉。在这个错觉的影响下,人们都期待自己的知识多一些,都拼命地往自己的头脑里装知识,这也导致他们的教育模式是这样。家长们在自己身上的"希望"过期了以后,他们把曾经对自己的"希望"放在了孩子身上。

他们希望自己的小孩是一个有智慧的人,如何做到?往他脑子装更多的知识。如果一个小孩在四岁时就能识别两千个字,背诵《三字经》《千字文》,我们就以为他很聪明。而这有什么用处?你只不过是在往一台电脑的硬盘上多储存一些数据而已。

智慧是一种空盈的状态,而不是一种满实的状态。过多的知识只能使一个头脑变得狡猾,而狡猾并不是智慧。电脑能够随时调度出千万知识信息,但电脑并不是一个智慧的人脑。对于人来讲,智慧不取决于他里面的有,而取决于他里面的空。当他里面空的部分越多,他运用知识的空间和能力就越大,犹如电脑的硬盘和内存里空白越多,它的运行速度就越快一样。教育你的小孩,给予他有,更保留他的空,不要把他填得太满。如果你把他的头脑填得太满太实,犹如一个瓶子被塞得太紧太实一样,那它里面的空就成为死空,这样一个小孩的智慧就发挥不出来了。

因此,教育小孩,要注意他里面的空。知识教育是一种有的教育,智慧教育是一种空的教育。记住保留给你的小孩更多的空,而不是有——请重视智慧教育胜过知识教育。

-05- 要求、期望、负责是不是爱

我们衡量自己对一个人是否有爱或爱有多深,往往会看对他有没有要求、期望或负不负责,或那程度有多深。当我们对一个人要求越多、期望越高、掌控得越狠——我们越负责时,我们就越爱那个人;反之,我们就不爱他,或爱他不深。这是真的吗?这是一个错误。

要求、期望或所谓的负责,仅仅都是恐惧的替代物。它们是恐惧的另一种化身,另一个名字。要求、期望和负责意味着爱,你确定那是真的吗?在我们的教育中,因为我们自己有恐惧,结果"要求""期望"或"负责"成了我们与另一

个个体的联结。当我们对他要求、期望或负责时,这能使我们感到与对方联结得更深、更紧,使我们自己感到安全。

教育是为了弥补安全感的,当一个人越强调教育,其背后的不安全感越大。教育似乎是一种掌控,它建立在对未来和恐惧的幻觉基础上。教育是恐惧的面目,一个人越恐惧就越需要它,一个人越恐惧就似乎越需要教育和被教育。

觉者没有教育的概念,因为他们不需要教育。老子从未提倡过教育,因为他处在了道的源头。万物需要的不是他人给予的教育,而是自我学习和自我教育。而实质上,在人的智慧创造之中,也只有这一部分是真正有意义和起作用的。要求、期望和负责是不是爱?严格地说,那不是爱,那是完全的恐惧。

–06– 别把孩子当"人质"

因为家长心存恐惧,在对待孩子教育的问题上,他们在无意识中不可避免地把孩子当成了他们自我安全感的"人质"。你必须变成优秀和美好的,否则我就不安全;你必须变得有能力,否则我怎么能够安心?瞧,家长们在把孩子变成他们内在安全的要挟物了。

当一个小孩是一个家庭中的"人质"时,你猜,这个小孩能否受到真正的良性教育?小孩变成了整个社会或家庭的内在恐惧之河上的波涛,他当然无法获得那生命中真正需要的。当你恐惧,他能感受到恐惧,即使他很小;当你放松或自信,他也能感受到。小孩是一个敏感的接收器,他在反映你的声音和信息。

一个好的家长,应把教育的重心由教育孩子放到教育自身上来。对于觉悟的家长来讲,教育孩子只是个借口,自我教育才是真的呢。当你把自己教育好了,孩子只是美好的你的反映,他自然会变好。

在你的子女教育中,你有没有把孩子当成你的"人质"?来检点一下你自己。盘查你内心的恐惧,是你真正想教育出好小孩的开始。教育从某种意义上是一种治疗,它治疗的正是人类之心的恐惧和愚痴。

–07– 真正的爱是什么?

我们常常会说,一个母亲对于孩子的爱是全然的、百分之百的,真的吗?当一个人内心还存有恐惧时,他对另一个人的爱就不可能是百分之百的。真正的爱是什么？并不是你能把自己的命都给他，也不是他要什么你都能满足或给予。真正的爱和此无关。

真正的爱是一种无为。它没有要求，它里面没有任何恐惧的阴影，它不隐藏任何掌控的企图。它像太阳给予万物光和热一样，给出本性的能量。你不期待他，不要求他和本来的自己有所不同，不试图改造或修正他。真正的爱是完全无条件的。无论如何你都爱他，怎么样你都爱他，你的爱甚至和他无关。这才是真正的爱。这爱像老天对万物的态度一样，给予你但对你没有要求、没有期待，他对你无为。

如果把这个标准称为真爱的标准，那么来检点一下你对孩子的爱是不是真爱。你期待他学习好，你期待他做个好小孩，但你知道你的期待曾经暗地里带给他多少压力吗？你越期望他好，你越形成自己的压力。这对小孩的成长有好处吗？我们对我们的小孩没有期待，他怎样我们都爱他；我们尽己所能，但不要求他。这才是真正觉悟的父母的爱。

对孩子没有期待的教育，并不比对孩子有更多所谓良好期待的教育更差。思考一下，你觉得是这样吗？在对待小孩的问题上，来重新思考一下你的爱，那是不是真正的爱？

–08– 存在一个亲子关系吗？

在当代的幼儿教育中，我们非常强调亲子关系，但存在一个所谓的亲子关系吗？其实，整个生命存在中，根本就不存在一个你与他人的关系。所有关系的本质都是你与自己关系的投射。你与你念头的关系是你与整个世界关系的母体。你所有外在的关系，都是这一关系的投射。因此，严格地说，像不存在其他人际关系一样，也不存在一个亲子关系；因为对一个具体的你来讲，不存在一个外在的小孩，只存在一个内在的小孩。你对你内在小孩的态度，就是你与你外在小孩的关系。

如果你与你的小孩关系混乱了，如何处理好你与他的关系？处理好你与你内在小孩的关系——你和你信念的关系即可。你明白要点吗？家庭中出现的父母与子女的关系问题，是每个人与他自身问题的外在投射。假如你与你的小孩出现了关系障碍问题，要解决的话，请深入你的内部，发现你与你念头的关系。理解你的想法，就会调解你与他们的关系。请注意这一点，这才是解决人际关系的根本要点。

-09- 要解决小孩的问题，先解决你的问题

在教育之中，要解决小孩的问题，先解决你的问题。这是在根子上解决问题。没有一个有问题的家长，就不存在一个有问题的小孩。一个小孩只是家庭和社会之树上的一枝花朵，它开出了家庭或社会的优点，同时它把整个家庭或社会隐藏的毛病也给开出。如果一棵树长的花朵有了毛病，我们通常就要深入树根去治疗，而不仅仅停留在花朵本身。同样的道理，如果一个小孩出了问题，我们该深入何处对他加以帮助呢？显然，家庭和社会是根源。

原来的宇宙是没有问题的，那是一个无问题的宇宙。如果你在宇宙中发现了问题，那问题一定是"心"的——而且只能是你自己的心。当心不向宇宙投射问题，宇宙怎会生出自己的问题？如果你处在一个问题重重的世界，那么，反诸向内，去探究你的心。问题一定出现在那里，是投影仪出问题了。

-10- 教育孩子，就是自省

我们对人生问题深入探索就会发现：当你没问题了，整个世界的问题就结束了。如果我还发现世界是有问题的，那一定是我还有问题。当我不能百分之百地接纳这个世界的时候，那说明我的心还没有实现它自己的圆满。看到世界是圆满的，只是见证自己内在圆满的一个结果。

如果我在孩子问题上存在着焦虑、担心或要求，那一定说明我的内心还深藏恐惧、狭隘的见解、自以为是、好为人师等无明之相。当我不是安守在觉知上，我问题重重。当我问题重重时，我一定正在我的念头上生死翻滚。无论出于这样或那样的原因，只要我还痛苦、焦虑或担心，就一定没有看破生命的幻象，没有看到存在的真相。

教育是一种自醒，一种你的自醒。在完成自身生命圆满之途上，孩子及其教育是一座桥。踩着这座桥，你回到了你自己。孩子是你的投射之物，教育是你的投射手段。在实现孩子的圆满之中，你必圆满你自己。同样的道理，你在圆满自身的过程中，你的小孩也必圆满。外在世界是内在世界的结果，内在世界给予外在世界它美好的能量。借着你有一个小孩和教育他，在你自己身上下功夫吧，以此来实现整个存在的圆满。向外劝导你的孩子，向内劝导你自己。（摘自互联网）

拓展资料三：人民日报——教育改革要从家长教育开始

有的家长经常这样问：美国教育与中国教育的区别是什么？如何改革中国教育？中美教育区别可能很多，但许多家长都忽视了中国教育的一个重要问题：家庭教育缺失！

教育改革从家长教育开始。

大家对教育不满，主要体现在哪里？无非是孩子们出了问题，即现在的学生脆弱，抗挫折能力差，动辄离家出走，或者轻生；只知道做题，创造力差，解决实际问题能力差；太自私，团结协作能力不足，等等。这些，归根结底还是做人的问题。

家长是孩子的第一任老师，也是最重要的老师，但目前中国家长在这方面是严重缺失的。

家教是什么？是家长对孩子的言传身教，往往体现在非智力因素方面。比如感恩、尊重别人、基本的规矩等等，其实就是让孩子成为一个合格的社会人。孩子成为一个什么样的人，在某种程度上，首先取决于父母。

但遗憾的是，家长们对此几乎没有太多的重视，更谈不上正确的教育理念、人才观念。一谈到家教，就变成了花钱请老师教文化课，而不是家长的身体力行。中国家长在孩子的教育上很舍得花钱，不惜砸锅卖铁，却忘记了自己的责任与付出。更有甚者，一些富有人群用金钱换责任，在孩子很小的时候，花巨资让孩子一个人出国留学，表面上为孩子作出贡献，实则是不负责任。

一旦孩子出现问题，我们经常是指责学校、社会，而不是反思自己。当我们控诉应试教育的时候，我们是否反思自己也是一个积极的推动者？是否逼迫孩子报了很多的辅导班？当我们指责社会无序时，我们是否给孩子做出了表率？

如果不是从事专门研究工作，那么，在学校学的知识大部分都会遗忘，但是，协作、感恩、创造力、想象力、忍耐力、反省能力等等，最终会沉淀下来，而在这些教育方面，家长可以也应该发挥更大的作用。

美国的教育制度与理念并不完美，在美国，因为教育理念原因，家长不满意，有大约260万学生是在家上学的。在美国前10名大学中，有7%来自此类学生。家长们在以自己的力量去做调整，修正对美国教育的不满。

世界上没有一种教育制度与理念是完美的，美国也同样。大家觉得，中国教育目前问题很多，政府、社会舆论都在反省、检讨，试图解决这个问题，很多中国专家动辄讲美国教育如何如何好。的确，美国的教育在理念上、方法上，都有其先进的东西，有值得汲取的地方，但是，我觉得，在借鉴美国经验的同时，中国家长应当首先补上家庭教育这一课；教育改革，首先应当从改变家长入手，让家长们明白自己的责任，树立正确的人才观，真正懂得如何引导孩子成长成才。

　　从世界角度来说，对于培养一个优秀的人，理念、做法其实没有本质的差别，比如付出，比如严格的规范与要求，待人友善、懂得感恩等等。因此，我们不需要动辄讲美国，而是应当先把本民族优秀的教育观念继承下来，把正确的家庭教育理念发扬光大。家长到位，正确的理念到位，中国的教育问题才会有根本性的改变。（作者　马振翼）

拓展资料四：家校共育案例（1）

职校做班主任不是一件容易的事情，特别是在社会日益复杂的情况下，学生越来越个性，单纯的学校教育已经远远不能满足学生身心发展的需要，必须家校共育，构建起学生健康成长的桥梁。在提倡素质教育的今天，家校合作正在成为人们日益关注的话题，重视家校合作是全面提高我们教育质量的关键环节。

在班主任工作生涯中感触最深的就是想要教育好孩子，最重要的是设身处地、全心全意为孩子着想，获得家长的信任，有了家长的信任，很多问题往往迎刃而解。

案例一：班主任和家长联手，让叛逆悄然离去

小 D 同学非常叛逆，独立意识很强，不爱学习，喜爱化妆，因为化妆问题被批评过几次，对我一直有敌对情绪，班级里很多事情都喜欢带头反对。有一年冬天赶上流感，小 D 感冒比较严重想回家，而我们学校是寄宿制学校，家一般离学校都比较远，加上天也有点晚了，为避免家长晚上长途开车，我开车拉着小 D 去医院挂号、检查，并及时与家长取得联系，告诉他们等待检查结果，根据结果确定是否需要他们过来。在看病的过程中我及时关心孩子，带她去吃早餐，过程中她虽然还是有些别扭，但是已经一点一点地开始和我靠近。

案例分析：在中职学生中，叛逆孩子是很常见的，叛逆孩子回家常常会以自我为中心，跟家长"宣传"班主任有多么糟糕，会造成家长对班主任的不信任，而班主任就要及时在与家长的接触沟通过程中让家长感觉到班主任的责任心和对孩子的爱，从而构建起家长对班主任的信任与支持。

案例二：找到孩子的闪光点，让孩子在自信中成长起来

小 J 同学单亲，问题比较突出，在初中期间换过四个学校，与任课老师顶嘴，上课乱接话茬，吃零食、玩手机，与高年级学生闹矛盾，第一次期中考试成绩班级后 5 名。每次出现问题该生的态度永远都是自己没有错，都是别人找她麻烦。针对孩子的情况及时与家长取得联系，发现孩子是单亲家庭，自身比较敏感，喜欢引起别人的注意。妈妈觉得跟爸爸离婚期间对孩子有所亏欠。孩子只要一犯错，就跟妈妈装可怜，妈妈一心软，就不舍得批评了。如此恶性循环，导致孩子习惯很差，也不知道认错。

案例分析：在与该生家长沟通中，我并不是一味地跟家长罗列该生的各种

错误，而是首先跟家长说明孩子身上的闪光点，她的进步和努力，取得家长的信任，然后说出孩子身上的问题，如果这些问题带着进入社会，会给孩子造成的危害。家长认识到问题的严重性，也发现自己在教育孩子过程中的问题，及时改正。家长和班主任的观点和做法一致，孩子更加容易接受。班主任与家长联合进行深刻的批评教育，该生的不良行为有了明显的收敛，学习努力，团结同学，成绩成为班级前 10。以上类似工作的开展，使家长信任教师，从而方便了教育工作的开展。

案例三：做好学生情感引领，唤起学生信任之感

小 Y 和小 W 同学早恋，常常在校园中一起走，一起吃饭，两人的成绩一路下滑，也给班级学习氛围造成了一定的影响。两个学生都是比较内向，如果处理不好很可能会伤害孩子的自尊心。

案例分析：在处理这两位同学的早恋问题时，我一直都是单独私下处理，在其他同学不察觉的情况下，分别找到两个孩子，告诉他们早恋的危害，并以自己表姐高中因恋爱导致无法考上大学到现在后悔莫及的经历让他们知道早恋的危害；然后分别联系家长，并跟家长说明。我做的工作只是希望两个孩子能够明白以学业为重，而不是要伤害孩子的自尊心，取得家长的信任，让家长在孩子周末休息时间耐心地与孩子交谈。两个孩子很快认识到问题的严重性，表示先努力学习有一个好的未来，到了合适的年龄再去想该做的事。

教育反思：案例反映出学校教育和家庭教育相互结合是非常重要的，遇事冷静分析，问题把握准确，教育方法得当是会产生良好效果的。如果教师一听到学生犯错，马上暴跳如雷，不冷静处理，不与家长结合共同教育，粗暴处理，后果不堪设想。

教育途径：注重学生身心感受，激发学生学习信心，做好学生情感引领，唤起学生信任之感。

教育感悟：

一、注重学生心理感受，善于理解谅解，冷静分析处理是家校共育的前提

学生都有好奇心，各种社会现象对学生的心理干扰也十分严重，这些都干扰着学生的认知，导致有的学生什么都想尝试、探索，这个过程难免会犯错。家长也好，老师也好，切忌草率行事，要关注学生的心理，不要把学生的小错认为

是洪水猛兽,不可饶恕,要冷静下来分析原因,找到切实可行的处理办法。案例中,班主任并没有大发雷霆,而是顾及学生的自尊,给予充分的理解和谅解,同时冷静地思考,与家长一起找到合适的教育方法。

二、平等交流,感情引领是家校共育的关键

无论是老师教育学生,还是家长教育子女,都应本着弄清事实为目的,委婉、平等地与其交流,尽量注意语气的平和、语态的自然,切忌说话太零碎,否则会引起他们的反感,你指责或教育他十句,或许他一句都没听进去。更重要的是,要培养师生之间、父子之间的感情,有了感情才会有信任,有了信任说的话自然就有份量。

三、事例比说教更能实现家校共育

上面这个案例,用身边人的亲身经历来教育学生,让学生明白错误是要及时改正的,以免后悔终生,同时增强了学习的信心。短短几句话就达到了教育的目的。人生活在集体中,不论大人小孩都爱面子,喜欢受到尊重,渴望得到关爱,我们冷静处理、平等交流,重视教育对象的心理感受,以情感人、以理服人,一定会有可喜的收获。家校共育是本着教育的本质,落实对学生或是子女的教育,也是家庭和学校共同的责任。让我们携手一起努力,家校共育,静待花开!
(摘自互联网)

拓展资料五：家校共育案例（2）

一、前言

培育优秀学生，不仅需要优质教育，更需要优秀家长。父母不仅是孩子的第一任教师，更是影响孩子终身发展的人生之师。

一个有智慧的人培养孩子的三句话：

第一句话："孩子，爸妈没本事，你要靠自己了。"不包办，把责任还给孩子，让孩子拥有了责任心。

第二句话："孩子，做事先做人，一定不能做伤害别人的事情。"讲德行，告诉孩子做人的标准。

第三句话："孩子，撒开手闯吧，实在不行，回家来还有口饭吃。"无私的爱，无尽的爱！

教育的根不在学校，也不在社会辅导机构，教育的根是从家延伸出来的，家是培育孩子成长的土壤，而家的经营关键在家长。一个负责任的家长，不仅要做好孩子"第一任老师"的工作，还要准备做好孩子的"终身老师"的工作。任何成功的教育，都是建立在成功的家庭教育的基础上的。

二、什么是成功的家庭教育

（一）教育自己的孩子做事先做人，成事先成人

教育孩子想成事，首先要学会做人。教育孩子学会做人：在家尽孝；与人为善；遵规守纪，坚守公序良俗。

（二）能充分认识到：唯有严格规范的管理，全面和谐的教育，方能促进学生全面发展，这也是当前教育发展形势所必需的

尊重学校严格规范管理的必要性。这是社会和谐、家庭幸福的需要，也是为每一个学生提供优质学习成长环境的需要。唯有严格规范的管理，才能有秩序，有安静和谐的学习生活环境。

学校的规章制度是学生成人成才的需要。一个学生只有在学校遵规守纪，踏上社会后，才能遵守社会规范、法律法规，只有尊重公序良俗，才能坚守做人做事的道德底线。大学自主招生、大学综合评价招生、学生德行情况已纳入大学招生参考数据。我们家长一定要支持学校实施严格规范管理的要求，教育孩

子遵守社会公德,遵守法律法规,教育孩子尊重并遵守学校教育,教育孩子自觉按照学校规章制度、班级管理规定、教师教育学习生活。孩子一时不适应严格规范的教育,家长一定要坚决地站在学校一边,引导孩子从逐渐适应到完全适应,到内化为学生的自觉行动。

(三)要教育孩子严格遵守学校规章制度

现阶段,教育过程中存在的最为突出的问题有带手机、冲动打架、男女同学交往过密、烫发染发、戴首饰、穿不符合学生身份特征的奇装异服、利用网络散发不负责任的言论等等。

如何解决这些问题?

学生有违纪行为,学校要按照校规校纪给予教育处分,目的是治病救人,惩前毖后。对学生的处分,家长的正确态度是支持学校的教育处分,并配合学校、班主任老师做好学生的教育工作;让学生认识问题,改正错误,健康成长。家长应从自身做起,充分认识上述问题对孩子成长的重要影响,以身作则,用自身良好言行引导学生健康成长。发现问题,请及时与学校老师联系,与老师一起解决这些问题。

(四)能积极配合学校和老师的教育

1. 为什么要配合学校教育?

一是家校教育目的具有一致性。学校教育的目的就是为了学生成人成才。

二是只有配合学校教育,才能不分裂学生的思想观念,不扭曲学生的认知世界,才有利于学生健康成长。

2. 怎样配合学校的教育?

一是家长对学校给予充分信任和积极支持。遇到不理解,请及时与学校沟通交流。

二是学生对学校管理和教育教学措施不理解,家长的正确措施应该是对学生进行正面教育;及时与学校、老师、班主任交流沟通,在全面了解事情的基础上,从有利于学生发展、学校发展的角度,负责任地解决问题。

三是充分相信学校。学校的管理和教育教学措施,是基于学生发展需要,适合学生学习实际,遵循教育教学规律的。要教育孩子,学习是吃苦的事情,安逸享受只能阻碍学生学习成长。高中学习课程多、知识多、难度加大、进度加快。要教育孩子能吃苦,利用点滴时间,刻苦学习,努力拼搏。生活的安逸,不仅分散学生精力,而且消磨学生的挑战自我、战胜自我的意志,不利于增强学生自理自立能力。

学校教育一阵子,社会教育一辈子,家庭教育几辈子。朱永新曾说:"在所有的问题儿童身上,都可以找到他们家庭的原因。""家庭教育才是我们整个教育链的基础的基础,关键的关键。"家长对学校和老师的信任,非常重要,同时家长又要敬畏学校和老师,相互平等,彼此尊重,共同培育,成就优秀孩子。(摘自互联网)